DER NEUE KINDER KOSMOS

Tiere im Garten

Klaus Richarz
Heinz-Helge Schulze

Tiere im Garten

Franckh - Kosmos

Liebe Kinder,

meine ersten Erlebnisse mit Tieren in der Natur hatte ich im Garten meiner Eltern in einer Kleinstadt. Der Garten war nicht dicht am Haus, sondern ein Stück draußen. Wenn mein Vater von der Arbeit nach Hause kam und kurz darauf mit mir zum Garten ging, war das für mich wie ein Aufbruch in eine andere Welt. Immer gab es in und um unseren Garten vieles zu entdecken: Schmetterlinge schaukelten an bunten Blüten, Eidechsen huschten am Zaun entlang. Manchmal fand ich auch ihre Jungtiere. Vögel zwitscherten und brüteten in unseren Obstbäumen. Igel und Blindschleiche, Wiesel und Engerling waren mir vertraut. Das Absammeln von Kartoffelkäfern oder Schnecken mochte ich dagegen weniger.

Selbst der Weißstorch kam damals noch zu Besuch. Nicht in unseren Garten, aber durch die Zaunlatten konnte ich Adebar gut auf der benachbarten Wiese beobachten.

Seitdem ich selber Kinder habe, wohnen wir so, daß sie vom Haus gleich in den Garten hinaus flitzen und darin spielen, wühlen und auf Entdeckungsreise gehen können. Oft kommen sie danach mit Fragen zu mir, und wir erzählen uns Geschichten aus dem Garten; was im Jahreslauf dort geschieht, oder welche Tiere wir gesehen haben. Vieles davon steht in diesem Buch.

Klaus Richarz

Diese Gurkenpflanze bietet den verschiedensten Tieren einen vielgestaltigen Lebensraum: Hier tummeln sich Bänderschnecke, Gartenhummel, Käfer, Gartenspitzmaus und Ameisen.

Inhalt

Der Garten als Versteck 6
Der Star 8
Frühling im Garten 10
Die Amsel 12
Das Leben im Boden 14
Das Mauswiesel 16
Respekt vor der Natur 18
Die Kohlmeise 20
Auf Entdeckungsreise im Garten 22
Das Taubenschwänzchen 24
Der Sommer im Garten 26
Die Zauneidechse 28
Kindergarten 30
Der Kleine Fuchs 32
Nacht im Garten 34
Die Zwergfledermaus 36
Leben rund um den Apfelbaum 38
Der Igel 40
Geben und Nehmen in der Natur 42
Die Hornisse 44
Ein Kleid aus grünen Pflanzen 46
Die Gartenhummel 48
Fressen und gefressen werden 50
Die Kreuzspinne 52
Zugvögel und Wanderfalter 54
Der Sperber 56
Der winterliche Garten 58

Kleines Lexikon 60
Register 62

Aufwärtshüpfend erklimmt dieser Gartenbaumläufer einen Baum. Er hält den Körper dicht an den Baumstamm gedrückt und stützt sich mit seinem Schwanz ab.

Register
Auf den Seiten 62 und 63 gibt es eine Liste von wichtigen Namen und Begriffen, die in diesem Buch vorkommen. Sie sind nach dem Alphabet geordnet, damit du ganz schnell und gezielt die Buchseite finden kannst, auf der mehr darüber steht.

Der nachtaktive Gartenschläfer hat ein ausgezeichnetes Gehör. Seine dunkle Gesichtsmaske und seine abgerundeten Ohren sind gut zu erkennen.

Kleines Lexikon
Auf den Seiten 60 und 61 gibt es ein kleines Lexikon, das Wörter erklärt, die in diesem Buch vorkommen und die du vielleicht noch nicht kennst.

Die meisten Tiere, die in diesem Buch beschrieben werden, sind sehr klein. Damit du dir ihre Größe besser vorstellen kannst, haben wir hier ein Maßband abgebildet.

Während Blattläuse ausschließlich Säfte von Pflanzen saugen, leben viele Wanzen räuberisch. Sie saugen vor allem Insektenlarven aus.

Der Garten als Versteck

In diesem Garten mit verwilderten Ecken gibt es viele Tiere. Aber manche sind recht scheu oder leben sehr versteckt. Einige der kleinen Heimlichtuer siehst du erst auf den zweiten Blick. Wenn du dir Zeit nimmst und genauer hinsiehst, kannst du mit etwas Glück im Laub den Igel entdecken. Er hat dort sein Tagesversteck. Am feuchten Boden unter der Hecke kriecht gemächlich eine Weinbergschnecke. Auf den Blättern des Apfelbaumes sitzt eine bunte Blattwanze. Was führt wohl die Ameise zu den Blattläusen? Sie läuft am Baum hoch, um einige dieser kleinen Blattsauger zu melken. Denn Blattläuse sondern über zwei Drüsen an ihrem Hinterleib einen zuckerhaltigen Saft ab, den Ameisen sehr mögen.

Aus der Apfelschale rieseln kleine, braune Krümel und zeigen, daß jemand in diesem Apfel wohnt. Das Würmchen im Kerngehäuse ist die Raupe des Apfelwicklers, eines Schmetterlings. Andere Schmetterlingsraupen verzehren am liebsten Brennesseln und bilden dort ganze Raupengespinste. Zu den Brennesselliebhabern unter den Raupen gehören, wie der Kleine Fuchs, einige unserer prächtigsten und häufigsten Falterarten.

Brennesselgestrüpp ist nicht nur nahrhaft. Es bildet auch ein sicheres Versteck. Neben manchem Mäuschen lebt darin ein kleiner König, ohne Krone, aber mit einer durchdringenden Stimme: der Zaunkönig. Versteckmöglichkeiten wie Gestrüpp, hohes Gras, Laubhaufen und Trockenmauern locken Tiere in unsere Gärten.

Sicher versteckt klebt der Kleine Fuchs seine Eier an die Blattunterseite von Brennesseln.

Mäuschengleich huscht der Zaunkönig durchs Brennesseldickicht. Der Gesang des winzigen einheimischen Singvogels ist durchdringend.

Eben noch ratterte der Rasenmäher über die Wiese. Kaum ist er weggestellt, landet ein Schwarm dunkler Vögel auf dem frisch gemähten Rasen. Wie Pfeile sehen sie aus mit ihren kantigen Flügeln und dem kurzen, viereckigen Schwanz. Sie laufen mit großen Schritten umher und untersuchen den Boden mit flinken Schnabelstößen. Dabei stochern sie vor allem nach Insekten, Insektenlarven und Würmern, die in den oberen Bodenschichten leben. Es sind Stare, die diesem Garten einen Besuch abstatten. Sie gehören zu unseren häufigsten Vögeln. In der Sonne schillert ihr schwarzes Gefieder grün und purpurfarben.

Im Spätsommer und Herbst bevorzugen Stare reife Früchte als Nahrung. Weil sie meist in großen Schwärmen auftreten, können sie in Obstplantagen vor allem an Kirschbäumen oder in Weinbaugebieten, große Schäden anrichten. Mit Böllerschüssen oder durch das Abspielen von Starenangstschreien vom Tonband versucht man sie fernzuhalten. Letztlich schützen aber nur bunte Netze über den Obstbäumen und den Weinstöcken vor hungrigen Staren auf der Nahrungssuche.

Die geselligen Stare haben keine Reviere. Starenpaare, die sich nach dem Winter zusammengefunden haben, suchen sich eine geeignete Bruthöhle. Das können Baumhöhlen, Mauerlöcher oder unsere aufgehängten Starenkästen sein. Unermüdlich sammelt das Starenpärchen passendes Nistmaterial, wie altes Gras, dürres Laub, kleine Reiser und Stroh. Auch mit Federn wird die Bruthöhle ausgepolstert.

Der Star

Größe:	etwa 22 cm
Nahrung:	Insekten; Früchte
Fortpflanzung:	brütet zweimal im Jahr je 4–6 Eier aus; die Jungen sind nach drei Wochen flügge
Feinde	Waldkauz, Habicht, Sperber
Besondere Merkmale:	Bauchgefieder nach Mauser im Herbst weiß gesprenkelt (Perlstar); Schnabel im Frühjahr hellgelb, färbt sich im Herbst dunkelbraun
Typisches Verhalten:	wackelnder Gang

Wußtest du, daß Stare alle möglichen Geräusche in ihren Gesängen nachahmen?

Das Starenmännchen trägt seinen Gesang aus voller Kehle vor, er sträubt dabei sein Gefieder. Die hängenden Flügel werden leicht vom Körper abgestellt und heftig geschlagen. Sein Lied besteht aus pfeifenden, schmatzenden und schnurrenden Lauten.

Stare lieben die Gemeinschaft. Meist bleiben sie ihr ganzes Leben mit demselben Partner zusammen. Um ein Weibchen auf sich aufmerksam zu machen, bauen die Staren-Junggesellen zur Brautwerbung Nester aus Blättern und Blüten. Diese werden später gemeinsam gegen das Nistmaterial ausgetauscht. Die Männchen und Weibchen wechseln sich beim Brüten ab.

Schon ab dem Frühsommer schließen sich die Jungen der ersten Brut zu größeren Scharen zusammen. Bis in den Herbst sind es riesige Schwärme geworden. Vor Sonnenuntergang sammeln sie sich an gemeinsamen Schlafplätzen. Dies kann im Schilf von Gewässern und Feuchtgebieten, aber auch mitten in der Großstadt sein, auf Bäumen, an ganz belebten Plätzen. Stare sind sehr laut: Ihr Gesang besteht aus vielfältigem Schwätzen mit Rasseln, Piepsen und Pfeifen. Viele Geräusche werden dabei nachgeahmt, zum Beispiel Türenquietschen, Telefonklingeln, Gänsegeschnatter oder der Lockruf einer Hühnerglucke.

Die Jungstare warten im Nistkasten ungeduldig auf ihre nächste Fütterung. Kaum sind sie flügge, werden sie von den Eltern aus der Bruthöhle gelockt. Die jungen Stare können sofort fliegen und finden sich zu großen Jungvögelschwärmen zusammen. Du erkennst sie an ihrem braungrauen Jugendgefieder und an ihrer hellen Kehle.

Frühling im Garten

Frühling! Endlich wärmt die Sonne wieder, und der Geruch frischer Erde und duftender Blüten steigt uns in die Nase. Überall summt, brummt und singt es von neuem. Alle Tiere sind jetzt unterwegs auf Nahrungssuche. Sie müssen sich stärken für die Zeit der Paarung, des Nestbaus und der Jungenaufzucht. Die Tierkinder sollen schließlich auf die Welt kommen, wenn Nahrung im Überfluß vorhanden ist. Bis zum Herbst muß der Nachwuchs so groß und kräftig sein, daß er genügend Fettpolster für einen Winterschlaf hat, die kalte Jahreszeit mit weniger Nahrung überstehen kann oder in der Lage ist, eine lange Reise anzutreten.

Bei den meisten Tieren gibt es Weibchen und Männchen, die zur Fortpflanzung zusammenkommen. Auf der Suche nach einem Partner finden sich die Tierpaare durch Gerüche, Gesänge oder auffallendes Aussehen. Laubfroschmännchen geben Quakkonzerte, Schmetterlingsweibchen verströmen duftende Lockstoffe, und Zauneidechsenmännchen legen ihr leuchtend grünes Hochzeitskleid an.

Besonders gut läßt sich die Brautwerbung um Weibchen bei unseren Singvögeln beobachten. Unermüdlich singen die balzenden Vogelmännchen ihre typischen Lieder. Mit ihren Gesängen ziehen sie Weibchen an und drohen damit gleichzeitig der männlichen Konkurrenz: Achtung, dieses Revier ist bereits besetzt. Reviere werden abgesteckt, damit man später bei der Versorgung des Nachwuchs nicht mit Artgenossen um Futter streiten muß.

Das Blaumeisenweibchen gebärdet sich in der Balzzeit oftmals wie ein Jungvogel. Es sträubt sein Gefieder und bettelt seinen Partner flügelzitternd um Futter an.

»Gäck-gäck-gäck« klingen die Laubfroschrufe, die von den Männchen mit ihrer Schallblase erzeugt werden. Sie locken damit Weibchen von weither an die Laichgewässer.

Ein Starenmännchen trägt sein Balzgeschenk im Schnabel. Es baut in einer passenden Höhle das Nest und schmückt es oft mit Blättchen oder Blüten aus, die es seinem Weibchen vorher zeigt.

Hat sich ein Paar gefunden, muß es sich besser kennenlernen und verstehen. Vor dem Brüten muß man schließlich wissen, ob man miteinander auskommt. Das Vertrauen ist eine wichtige Voraussetzung für eine erfolgreiche Fortpflanzung bei Tierarten, die ihre Jungen gemeinsam aufziehen.

Ein Vogel sitzt mit gesträubtem Gefieder und zitternden Flügeln auf der Stange des Gartenrechens und bettelt eine Blaumeise an. Wer sich da wie ein hungriger Jungvogel gebärdet und gefüttert werden möchte, ist ein erwachsenes Blaumeisenweibchen. Betteln um Futter und Füttern gehört zur Balz der Blaumeisen. So stimmen sich die Partner aufeinander ein. Für das Weibchen ist diese bequeme Fütterung zusätzlich nützlich. Es verbraucht viel Energie für die Eier, die bald in seinem Körper heranreifen werden.

Bereits im Februar beginnen die Amselmännchen mit ihrem Reviergesang. Oft sieht man die schwarzen Sänger noch vor Sonnenaufgang auf einer Fernsehantenne oder einem Leitungsmast sitzen und ihr flötendes Lied vortragen. Dabei war die Amsel bis vor 100 Jahren noch ein scheuer Waldvogel. Jetzt nutzt sie die Fernsehantenne genauso selbstverständlich als Singwarte wie früher die Baumwipfel.

Was aber bringt einen Waldvogel dazu, in Städte und Dörfer zu ziehen? Der Hauptgrund ist wohl das Nahrungsangebot. Als Weichfresser ernähren sich Amseln im Frühjahr und Sommer hauptsächlich von Regenwürmern und Kleintieren, die am oder im Boden leben. Amseln scharren sie aus dem Laub, sammeln sie vom Boden ab oder ziehen sie aus der Erde. Störende Blätter werden vorher zur Seite geschleudert, der Kopf lauschend zur Seite gedreht. Im Gegensatz zu den schreitenden Staren, hüpfen Amseln meist bei der Nahrungssuche. Dabei halten sie häufig ruckartig an, stelzen den Schwanz auf und schlagen dann kurz mit den Flügeln.

Unser Garten ist ein idealer Lebensraum für Amseln. Dort können sie unter Bäumen das Laub mit dem Schnabel durchkämmen und nach Kleintieren suchen. Regenwürmer werden aus ihren Löchern gezogen.

Die Amsel

Größe:	etwa 25 cm
Nahrung:	Früchte; Regenwürmer und andere Kleintiere
Fortpflanzung:	brütet von März bis Juli 2–3 mal je 4–6 Eier aus
Feinde:	Katze, Sperber, Habicht
Besondere Merkmale:	Männchen schwarz mit orangegelbem Schnabel und Augenring; Weibchen dunkelbraun
Typisches Verhalten:	hüpft bei der Nahrungssuche über den Boden

In einem Obstgarten findet die Amsel so manch leckere Frucht. Nicht nur Amseln mögen reife Erdbeeren, auch eine Schnecke läßt es sich hier schmecken.

Wußtest du,
daß der volltönende Amselgesang in schrilles Gezeter umschlägt, wenn sie sich gestört fühlen?

Das erwachsene Amselmännchen hat ein glänzend schwarzes Gefieder. Der lange Schnabel und der Augenring sind ganz auffällig orangegelb gefärbt.

Das braungefärbte Amselweibchen hat sich zum Sonnenbaden auf einem Baumstamm niedergelassen. Wohlig spreizt es sein Gefieder.

Weil der Waldboden den Amseln weniger Nahrung bietet, ist der Waldrand ihr ursprünglicher Lebensraum. Unsere Gärten und Parks mit ihren Wiesen und Rasenflächen, Laub und Beerensträuchern sind für Amseln wie endlose Waldränder. Außerdem bleibt der Boden im Winter in den wärmeren Städten länger schneefrei als im Wald.

Ab dem Sommer, im Herbst und im Laufe des Winters werden Amseln zu Früchtesammlern. Ganz besonders gerne verzehren sie Erdbeeren, Johannisbeeren, Kirschen und Holunderbeeren. Bei der Nahrungssuche hüpfen Amseln lieber am Boden umher, als im dünnen Geäst herumzuturnen.

Das Leben im Boden

Viele kleinere und größere Tiere im Garten lassen sich leicht entdecken und beobachten. Was sich dagegen im Boden abspielt, das bleibt uns meist verborgen. Wenn du ein Stück im Garten umgräbst, einen Strauch oder ein Bäumchen pflanzt, Kartoffeln erntest oder Kompost abträgst, findest du einige der Bodenlebewesen. Dir werden dabei aber nur die Riesen unter ihnen, wie Regenwürmer oder Asseln, auffallen.

Die meisten Bodenlebewesen sind winzig klein. In einer Handvoll Gartenerde leben Milliarden von Bakterien, Schimmelpilzen, Algen und Einzellern. Diese Winzlinge zersetzen abgestorbene Pflanzenteile, bilden daraus Nährstoffe und sorgen für fruchtbaren Boden.

Erst bei genauem Hinsehen kannst du feststellen, daß es im Boden von Lebewesen wimmelt. Sie verarbeiten alles, was zur Erde fällt und verrottet. Dabei werden Nährstoffe freigesetzt, die von den Pflanzen über ihre Wurzeln wieder aufgenommen werden. Diese Amsel zieht gerade einen Regenwurm ans Licht.

Tagsüber hält sich der Gartenläufer meist versteckt. Nachts geht er auf Jagd nach Schnecken und Regenwürmern. Auch seine Larven leben räuberisch.

Mauerasseln leben an feuchten und schattigen Stellen von faulenden Pflanzenteilen und unter Steinen. Asselweibchen tragen ihre Eier und Junge in einer Brutkammer an ihrer Unterseite mit sich herum.

Mit einer Lupe kannst du Kleinstlebewesen im Boden, wie die Springschwänze, Bärtierchen und Milben, besonders deutlich erkennen.

Neben den Regenwürmern findest du im Boden Drahtwürmer, Käferlarven, Asseln, räuberische Laufkäfer und Tausendfüßer.

Alle Bodenlebewesen, ob unsichtbar klein oder ob regenwurmgroß, arbeiten zusammen: Blätter und andere abgestorbene Pflanzenteile fallen auf den Boden und werden feucht. Sie ziehen Bodenbakterien an, die sich auf dem feuchten Laub gut vermehren können. Dabei verarbeiten sie nur die harte äußere Haut der Blätter. Anschließend kommen andere Kleinstlebewesen an die Reihe, und erst danach nehmen Regenwürmer, Asseln, Tausendfüßer, Fliegenlarven und Schnecken die Pflanzenteile weiter auseinander. Weiche Blätter werden dabei schneller zerfressen als harte. Einige Tiere graben sich sehr tief in den Boden ein und hinterlassen auf ihrem Weg Kotbällchen und Pflanzenreste. Darüber machen sich vor allem Hornmilben und Springschwänze her. Sie alle sorgen damit für eine gute Durchmischung des Bodens. Und noch immer ist kein Ende der Zersetzung in Sicht. Alles Verwertbare wird immer und immer wieder von den Bodenlebewesen durchgekaut. Was wir schließlich als fruchtbare Humuserde vor uns haben, hat zahllose kleine Därme durchlaufen.

Im Kompost wimmelt es von Bodenlebewesen. Mit dem bloßen Auge kannst du sie kaum erkennen.

Nimm doch einmal eine Schaufel Komposterde heraus und untersuche sie genauer.

Zwischen dem Steinwall in einer stillen Gartenecke taucht plötzlich ein schlankes, braunes Tierchen auf. Wie ein dünnes Würstchen ist es geformt mit dem langen schmalen Körper, dem kurzen Schwanz und den kurzen, sehnigen Beinen. In kurzen Sätzen läuft es zum Apfelbaum. Zwischen den einzelnen Sprüngen richtet es sich auf und schaut aufmerksam umher. Beim Männchenmachen können wir gut seine Knopfaugen und die weiße Unterseite erkennen. Dicht beim Apfelbaumstamm ist das wieselflinke Tier plötzlich wie vom Erdboden verschluckt.

Das Mauswiesel	
Größe:	18–33 cm (mit Schwanz)
Gewicht:	Männchen ca. 120 g; Weibchen ca. 60 g
Nahrung:	Mäuse und andere Kleinsäuger
Fortpflanzung:	Paarungszeit Februar bis März; 1–2 Würfe im Jahr
Feinde:	Greifvögel, Eulen, Fuchs
Besondere Merkmale:	kurzer brauner Schwanz; weiße Unterseite
Typisches Verhalten:	sehr ortstreu; Einzelgänger

Mäuselöcher sind für ein Mauswiesel kein Problem. Mit seinem schlanken geschmeidigen Körper kann es ungehindert durch enge Wühlmausgänge schleichen. Ständig auf Beutejagd durchstöbert das Mauswiesel unsere Gärten.

Wußtest du, daß unser Mauswiesel das kleinste Raubtier der Erde ist?

Mäusepfiffe signalisieren dem Mauswiesel fette Beute. Du kannst es anlocken, wenn du den Mäusepfiff nachmachst.

Wenn du nachguckst, wohin das Tier verschwunden ist, entdeckst du vielleicht ein enges Mauseloch. Gerade noch hörst du ein kurzes Fiepen, Pfeifen und Zischen unter der Erde. Dann ist es mit einemmal wieder ganz still.

Das flinke, dünne Tierchen ist ein Mauswiesel auf Mäusejagd. Sein schlanker, sehr beweglicher Körper paßt ideal in enge Mäusegänge. Wer schlank und beweglich ist, hat aber auch Nachteile: Er kann sich kein Fettpolster anfressen, das als Energievorrat dienen würde. Dicke Mauswiesel würden nicht mehr durch die Mäuselöcher kommen, wo sie ihre Beute finden. Deshalb muß das Mauswiesel rund um die Uhr jagen, um seinen ständigen Hunger zu stillen.

Respekt vor der Natur

Die Mauer zwischen diesen Gärten trennt zwei Welten voneinander. Der Garten links sieht mit dem kurz geschnittenen Rasen und den schlanken Nadelbäumen sehr ordentlich aus. Er wirkt aber auch sehr eintönig. In einem solchen Garten gibt es wenig zu entdecken. Vielleicht brütet die Amsel in einem der Bäumchen. Kurz nach dem Rasenmähen kommen vielleicht auch einige andere Vögel auf der Suche nach Nahrung vorbei. Schmetterlinge und andere Gartentiere wirst du dort aber nur sehr selten finden.

Ganz anders geht es im Nachbargarten rechts zu. Gebüsch, Blumenwiese, Teich und alte knorrige Bäume bieten vielfältige Lebensräume für Tiere. Überall, in jedem Winkel dieses Naturgartens gibt es Interessantes zu entdecken und zu beobachten.

Es macht Spaß, einen Garten anzulegen und zu pflegen. Jeder Garten kann zu einem kleinen Paradies heranwachsen, wenn wir ihn als Naturgarten gestalten. Tiere finden sich überall dort ein, wo sie Unterschlupf finden und von den Menschen nicht vertrieben werden können.

Einfalt und Vielfalt auf einen Blick: Während der linke Garten viel Arbeit macht und sehr wenig Abwechslung bietet, ist der rechte Garten etwas für Naturfreunde und Entdecker. Vom Rotkehlchen bis zur Libelle finden hier alle Tiere ihren passenden Lebensraum.

Im Naturgarten ist weniger zu tun als im gepflegten Ziergarten. Und die Arbeit ist dort abwechslungsreicher. Während der eine auf die Unkräuter schimpft und sie bekämpft, lockt der Naturgärtner mit Wildblumenwiese und Teich Vögel, Libellen und Schmetterlinge an. Doch den meisten Menschen fällt es gar nicht so leicht, dem Leben in der Natur zuzuschauen, ohne sofort ordnend einzugreifen. Aber bringen wir der Natur, ihrem Wachsen und Blühen, Respekt entgegen, den sie verdient, werden wir reich belohnt.

Die Kohlmeise

Größe: etwa 14 cm
Nahrung: Insekten und andere Kleintiere; Samen
Fortpflanzung: brütet zwischen März und Juli 1–2 mal je 6–12 Eier aus
Feinde: Sperber, Käuze, Hermelin
Besondere Merkmale: Kopf schwarz glänzend, weiße Wangen; gelbe Unterseite mit schwarzem Mittelstreifen, beim Weibchen schmaler
Typisches Verhalten: nicht sehr scheu; sucht gern Nahrung auf dem Boden

Baumhöhlen bieten Kohlmeisen natürlich die besten Brutplätze.

Ein grünliches Rückengefieder und ein weißes Flügelband sind typisch für die Kohlmeise. Sie sucht ihre Nahrung als geschickter Turner in den Zweigen, sie kommt aber zur Futtersuche auch auf den Boden herunter.

Wußtest du,
daß die Kohlmeise unsere größte einheimische Meise ist?

»Dschi-dschi-dschi«, »zui-ti-zui-ti« oder »zizibebe-zizibebe«, erklingt es im Frühjahr. Ein Kohlmeisenmännchen singt sein abwechslungsreiches Lied vom blühenden Apfelbaum herunter. Meisen erkennen sich untereinander an ihrem Gesang. Taucht ein fremder Sänger auf, wird er vom Revierinhaber sofort vertrieben. Mit dem Gesang verteidigen die Meisenmännchen ihr Revier und werben gleichzeitig um Weibchen. Doch nicht nur mit der Stimme, auch mit dem Aussehen soll kräftig Eindruck gemacht werden. Wenn ein Männchen sich hoch aufrichtet oder auf eine andere Meise zufliegt, wird sein leuchtend gelber Bauch mit dem breiten schwarzen Bruststreifen zum deutlich sichtbaren Signal.

Kohlmeisen brüten in Höhlen. Obwohl alte, morsche Bäume im Wald leider ebenso selten geworden sind wie alte Obstbäume mit Brutlöchern in unseren Gärten, leiden die Kohlmeisen kaum Wohnungsnot. In der Wahl ihrer Bruthöhle sind Kohlmeisen nämlich sehr anpassungsfähig. Einfach alles, was mit einem geschützten Hohlraum Ähnlichkeit hat, wird von Familie Kohlmeise zum Brutplatz gewählt: Nester finden sich in Briefkästen, Bretterstapeln, herumliegenden Rohren, Mauernischen, Hydranten, Straßenlaternen und sogar in verlorenen Stiefeln und leeren Benzinkanistern. Haben sich Kohlmeisen für eine Höhle entschieden, polstern sie sie mit Moos, Haaren und Wolle gründlich aus. Wenn die Jungvögel im Frühjahr schlüpfen, ist es draußen meist noch sehr frostig. Deshalb deckt das Weibchen beim Verlassen der Bruthöhle die Eier immer ab, um sie gegen die Kälte zu schützen. Im Winter dienen die Nistkästen den Meisen als Schlafplätze.

Da Meisen für sich und ihre Jungen viele Raupen sammeln, sind sie wichtige Helfer in unserem Garten. Indem wir alte Obstbäume erhalten oder neue nachpflanzen, locken wir die Vögel in unsere Gärten. Zusätzlich können wir Nistkästen aufhängen.

Je größer die Höhlen oder Nistkästen, desto mehr Junge ziehen die Kohlmeisen auf.

Mit ihrem Gesang läuten Kohlmeisen den Frühling ein. Schon an sonnigen Tagen im Januar oder Februar hört man die Männchen singen.

Auf Entdeckungsreise im Garten

Ein naturnaher Garten ist nie langweilig. Immer gibt es darin etwas Neues zu entdecken. Zu allen Jahreszeiten kann das Erkunden und Beobachten Spaß machen. Und es hilft uns, die Natur besser zu verstehen.

Schon im zeitigen Frühjahr gibt es viel zu sehen. Bevor die Bäume ihr Laub austreiben, blühen im Garten einige Blumen. Man nennt sie Frühblüher. Welche Arten kennst du? Welche Sträucher und Bäume blühen im März und April, welche schon Ende Februar?

Beobachte im Frühjahr die ersten Vögel im Garten. Welche Arten kannst du jetzt schon singen hören? Wenn im fortgeschrittenen Frühling Baumhöhlen oder Nistkästen bewohnt sind, kannst du die Jungvögel darin piepsen hören. Setz dich einmal davor und beobachte die Vogeleltern: Wie häufig fliegen sie die Kästen an? Kannst du das Futter in ihren Schnäbeln erkennen? Wenn ihr eine Vogeltränke aufgestellt habt, kannst du beobachten, welche Vögel dorthin zum Trinken und zum Baden kommen.

Wenn im fortgeschrittenen Frühling die Schmetterlinge fliegen, kann man sie im Garten beobachten. Welche Blüten werden von welchen Schmetterlingen angeflogen? Im Sommer sind besonders viele Schmetterlinge und andere Insekten im Garten unterwegs. Auf welchen Gartenblumen lassen sie sich besonders gerne nieder? Zu welchen Tageszeiten kannst du welche Arten sehen? Such dir eine Blüte deiner Wahl heraus und beobachte, wer dort alles als Besucher hinfindet.

An lauen Sommerabenden kommen auch Fledermäuse zu Besuch in den Garten. Ob du schon einmal eine gesehen hast?

Beim Aufräumen im Geräteschuppen wurde ein Igelnest entdeckt. Die Jungigel haben noch weiche Stacheln. Schnell wurde der Kleine wieder zu Mutter und Geschwistern gesetzt. Die Jungtiere sollte man möglichst gar nicht anfassen.

Tiere haben im Schnee ihre Spuren hinterlassen: Hase (oben links), Eichhörnchen (oben Mitte), Katze (oben rechts) und Maus (unten).

Herbstzeit ist Erntezeit im Garten. Auch am Apfelbaum reifen jetzt die Früchte. Welche Tiere kannst du dort beobachten? Und was tut sich alles in der Gartenhecke? Welche Früchte reifen dort? Wer kommt zum Fressen? Sind die Stare auch dabei? Wann kannst du die ersten Starenschwärme sehen?

Schichte Reisig und zusammengeharktes Laub in einer Gartenecke oder an der Hecke auf. Der Igel freut sich über das vorbereitete Winterquartier.

Auch im winterlichen Garten kannst du Tiere beobachten. Welche Vögel kommen zum Futterhaus? Wenn es frisch geschneit hat, kannst du Spuren im Schnee sehen. Wer hat sie wohl hinterlassen?

Am Sommerflieder kannst du Schmetterlinge gut aus der Nähe beobachten. Dieser Schwalbenschwanz saugt mit seinem langen Rüssel Nektar. Am Hinterflügel fehlen ihm die Augenflecken. Damit hat er einen Vogel getäuscht, der ihn als Beute fangen wollte. Der Vogel pickte nur in die Augenflecken.

Diese Spitzmaus konnte aus einem Kellerschacht am Haus gerettet werden. Kellerschächte sollten immer Ausstiegsmöglichkeiten haben, wie ein hineingestelltes Brett.

Kohlmeisen (oben) und Blaumeisen (unten) am Meisenknödel. Vogelfüttern im Winter dient eher unserer Freude, als daß wir damit echte Hilfe leisten könnten.

Nicht nur Menschen ernten Früchte, auch die Tiere. Am reich gedeckten Tisch der Natur können alle satt werden. Zwetschgen sind ein Leckerbissen für Insekten.

Ein warmer Spätnachmittag im Frühsommer. Du schlenderst durch den Garten und plötzlich bleibst du verdutzt stehen. Hast du richtig gesehen? Vor den Geranienblüten steht ein winziges Vögelchen im Schwirrflug in der Luft. Deutlich kannst du sein schwarzweißes Schwänzchen erkennen. Jetzt legt es den Rückwärtsgang ein und zieht dabei sein langes, dünnes Schnäbelchen aus einer Blüte. So wie der Einfüllstutzen an der Tankstelle in den Benzintank gesteckt wird, versenkt es seinen Schnabel in den nächsten Blütenkelch. Du flitzt ins Haus und berichtest stolz von »einem Kolibri in unserem Garten«. Leider hast du dich geirrt, aber so geht es vielen Menschen, die zum ersten Mal ein Taubenschwänzchen beobachten. Im Flug und beim Nektarsaugen ähneln diese Schwärmer verblüffend den amerikanischen Kolibris.

Das Taubenschwänzchen

Größe:	2–2,5 cm lange Vorderflügel
Nahrung:	Raupen fressen Labkräuter; Schmetterlinge saugen Nektar
Fortpflanzung:	nach der Paarung Eiablage an Futterpflanzen; Entwicklung von der Raupe über die Puppe zum Schmetterling
Feinde:	Vögel
Besondere Merkmale:	Vorderflügel bräunlich; Hinterflügel tief orange bis gelb; lange schwarzweiße Schuppen am Hinterleib
Typisches Verhalten:	steht im Schwirrflug vor Blüten und saugt mit seinem langen Rüssel Nektar

Wie ein Kolibri steht das Taubenschwänzchen im Schwirrflug vor der Geranienblüte und saugt Nektar. Deutlich sieht man die schwarzweißen Haarbüschel an seiner Körperseite. Über den Augen sitzen Fühler, die als Antennen dienen.

Wußtest du, daß die Taubenschwänzchen zu den schnellsten Fliegern unter den Schmetterlingen gehören.

Aber das Taubenschwänzchen ist mit keiner der 338 Arten der Kolibri-Familie verwandt. Es gehört innerhalb der Schmetterlinge zur Familie der Schwärmer, von denen es weltweit 800 Arten gibt. Die meisten von ihnen leben in den Tropen. In Europa kommen 21 Arten vor, überwiegend in den wärmeren Gebieten Südeuropas. Schwärmer sind die Flugartisten unter den Schmetterlingen. Ihr Flugstil ist nicht gaukelnd wie bei den Tagfaltern, sondern rasant schwirrend. Die kräftig gebauten Taubenschwänzchen mit ihren langen, schmalen Vorderflügeln können nicht nur sehr schnell, sondern auch sehr ausdauernd fliegen. Selbst die Überwindung von Hochgebirgspässen ist für sie kein Problem. Aus ihrer Heimat in Südeuropa fliegen Taubenschwänzchen in warmen Sommern über die Alpen zu uns ein. Sonnige, geschützte Flächen sind ihre bevorzugten Flugplätze. Im Gegensatz zu anderen Schwärmern fliegen Taubenschwänzchen tagsüber, sogar in den heißen Mittagsstunden, auf Nektarsuche. Ihr körperlanger Rüssel ist ein idealer Trinkhalm für enge und tiefe Blütenbecher.

In der freien Natur suchen sie in Flockenblumen, Seifenkraut und Natternkopf ihren Nektar. Im Garten kannst du sie auch nachmittags und abends an Geranien, Petunien und Phlox beobachten. Taubenschwänzchen bringen Exotik in unsere Gärten. Wenn die Luft flimmert und das Taubenschwänzchen vor der Geranie im Schwirrflug steht, darfst du ruhig an das tropische Südamerika und an buntschillernde Kolibris denken!

Dies ist ein südamerikanischer Kolibri. Genauso wie unsere Taubenschwänzchen steht er beim Nektarsaugen im Schwirrflug vor der Blüte. Als Vögel haben Kolibris natürlich keinen Rüssel, sondern stecken ihren Schnabel tief in die Blüten und trinken den Nektar.

Ein Taubenschwänzchen saugt mit seinem Rüssel Nektar an einer Bartnelkenblüte.

Die schwanzähnlichen Schuppen am Hinterleib benutzt es zum Steuern im Schwirrflug.

Die Raupe des Taubenschwänzchens ist grün und unbehaart. An ihrem Hinterende trägt sie ein Horn, dessen Zweck noch unbekannt ist. Sie lebt an Labkrautarten. Viele Schwärmerraupen ernähren sich von giftigen Pflanzen und sind so als Vogelbeute ungenießbar.

Der Sommer im Garten

Heiß und trocken ist es an vielen Sommertagen in unserem Garten. Während sich manche Sonnenanbeter, wie Eidechsen, in der prallen Sonne aufwärmen, suchen viele Tiere kühlen Schatten und Wasser zum Trinken oder Baden. Flache Trink- und Badeschalen oder auch der Gartenteich sind beliebte Aufenthaltsplätze. Wenn du leise und geduldig bist, kannst du viele interessante Beobachtungen machen.

Eine auffällige Pflanze am Gewässerrand ist die Wasserschwertlilie. Ihre leuchtend gelben Blüten ziehen viele Besucher, von Hummeln bis Schwebfliegen, an. Vielleicht schreibst du einmal auf, welche Tiere du an der Schwertlilienblüte gesehen hast.

Am Gartenteich fallen dir sicher die Libellen auf. Der beste Libellenmonat ist der August. Aus rasantem Flug bleiben Libellen oft plötzlich in der Luft stehen, oder sie suchen den Luftraum über dem Gartenteich langsam nach Beute ab. Fliegen, Mücken und Spinnen werden blitzschnell im Flug mit den Beinen ergriffen. Häufig kann man auch zwei Libellen als fliegendes Tandem bei der Paarung beobachten.

Dieser Haussperling hat sich vergewissert, daß keine Katze in der Nähe ist. Jetzt watet er ins flache Wasser, plustert sich auf, duckt sich und verspritzt mit den Flügeln Wasser über den Rücken.

Wasserfrösche leben meist das ganze Jahr über an pflanzenreichen und sonnigen Gewässern. Sie kommen auch gerne in naturnahe Gartenteiche. Wasserfrösche sind quicklebendig, sehr gesellig und tagaktiv. Auch außerhalb der Paarungszeit quaken sie gern und viel.

Das Haussperlingsmännchen nutzt die Wasserstelle im Garten, um seinen Durst zu stillen. Es schöpft Wasser in den Schnabel, hebt den Kopf und läßt es den Schlund hinunterlaufen.

Im Sommer wird der Gartenteich zur Oase für die Tiere. Hier hat sich ein Rotkehlchen zum Trinken eingefunden. Auf einem Stein ruht sich eine Libelle von ihrem Beuteflug aus.

Nach der Paarung legen die Libellenweibchen ihre Eier mit dem Legebohrer in Stengel oder Blätter von Wasserpflanzen oder ins freie Wasser ab. Vielfach bleibt das Männchen noch während der Eiablage als Tandem mit dem Weibchen verbunden. Dabei hält es die Partnerin mit den Zangen an seinem Hinterleib direkt hinter ihrem Kopf fest.

In den sommerlichen Abend- und Nachtstunden machen die Frösche im Gartenteich durch lautes Quaken auf sich aufmerksam. Sie locken damit paarungswillige Weibchen und andere Männchen an. Wo sich ein ganzer Froschchor zusammenfindet, geht es besonders laut zu, denn die Rufer stacheln sich gegenseitig an. Am stimmgewaltigsten unter unseren Amphibien ist wohl der Laubfrosch. In windstillen und ruhigen Nächten sind seine Rufe manchmal kilometerweit zu hören.

Wußtest du,

daß Eidechsen bei Gefahr ihre Schwanzspitze abwerfen können? Der lebendig weiterzappelnde Schwanz lenkt den Verfolger ab.

Zauneidechsen sind wahre Sonnenkinder. Sie gehören zu den wechselwarmen Reptilien und können daher ihre Körpertemperatur nicht, wie Vögel und Säugetiere, von innen her ausgleichen. Wird es kalt, müssen sich Zauneidechsen in ihre sicheren Verstecke zurückziehen und reglos auf besseres Wetter warten. Deshalb sind sie nur vom Frühling bis in den Herbst draußen zu beobachten. Die scheuen Zauneidechsen brauchen trockene, warme und geschützte Plätze. Trockenmauern, Lesesteinhaufen und ungenutzte Streifen entlang der Gartenzäune sind ganz nach ihrem Geschmack.

Erst wenn die Sonne so hoch steht, daß sie kräftig wärmt, traut sich die Zauneidechse aus ihrem Versteck zwischen Steinhaufen oder einem Mauseloch hervor. Noch schwerfällig sucht sie sich einen Sonnenplatz auf einem warmen Stein. Wenn ihre Körpertemperatur angestiegen ist, wird die Eidechse aktiv und beginnt ihre Jagd nach Käfern, Fliegen, Spinnen, Asseln und Heuhüpfern.

Eidechsen wachsen, wie alle Reptilien, ihr Leben lang. Da ihr Hornschuppenkleid nicht wie unsere Haut mitwächst, müssen sie es regelmäßig abstreifen. Darunter haben sich schon die neuen Hornschuppen gebildet. Nach der ersten Häutung im Frühjahr zeigen die Zauneidechsenmännchen dann ihr prächtiges, grasgrünes Hochzeitskleid. Bis es zur Paarung mit einem Weibchen kommt, kämpfen die Männchen heftig, aber unblutig miteinander. Wer einmal das Glück hatte, solch einen Rivalenkampf mit seinen Drohgebärden zu beobachten, der mag sich in die Welt der Saurier zurückversetzt fühlen. Im Garten sitzen und beim Anblick unserer Zauneidechsen von Sauriern träumen, – dafür lohnt es sich schon, den Garten eidechsenfreundlich zu gestalten.

Die Zauneidechse

Größe:	etwa 20 cm
Nahrung:	Würmer, Schnecken, Insekten, Spinnen; junge Artgenossen
Fortpflanzung:	Paarung von April bis Juni; legen 5–15 Eier in feuchte, lockere Erde; Junge schlüpfen nach 5–9 Wochen
Feinde:	Katze; Schlingnatter
Besondere Merkmale:	auf der Rückenmitte braunes Band mit hellen Flecken; Männchen im Frühjahr mit leuchtend grünen Flanken
Typisches Verhalten:	sehr scheu; wärmt sich in der Sonne auf; wird bei Kälte träge

Eidechsen brauchen geschützte Sonnenplätze im Garten. Dort tanken die Tiere regelmäßig Wärme. Dicht beim Sonnenplatz muß sich die Zauneidechse auch schnell verstecken können. Die grünen Flanken sind der Hochzeitsanzug des Zauneidechsenmännchens.

Zauneidechseneier werden von der Sonne ausgebrütet. Nach fünf bis neun Wochen schlüpfen die etwa drei Zentimeter langen Jungen. Sie tragen ein Babykleid mit vielen weißen Flecken. Sofort müssen sie selbständig kleine Insekten jagen und sich vor den erwachsenen Artgenossen in acht nehmen.

Kindergarten

Im Frühling und Frühsommer kommen überall im Garten Tierkinder zur Welt. Manche werden von der Mutter oder den Eltern liebevoll umsorgt, andere müssen gleich selbständig auf Nahrungssuche gehen. Ein abwechslungsreich gestalteter Garten bietet vielen verschiedenen Tieren Platz für Nester und Nachwuchs.

Einige Kinderstuben sind nicht zu überhören und zu übersehen. Wenn die Vogeljungen in der Hecke, in der Baumhöhle, im Nistkasten oder im Gartenhaus geschlüpft sind, kannst du oft schon von weitem ihr ständiges Piepsen hören. Die Vogeleltern fliegen unermüdlich hin und her. Das Stopfen der hungrigen Schnäbelchen am Nistplatz erfordert von ihnen pausenlosen Einsatz.

Begegnungen mit Säugetierkindern bleiben im Garten meist eine Ausnahme. Ob Igel, Spitzmaus, Wiesel, Eichhörnchen oder Fledermaus – sie alle bekommen und betreuen ihren Nachwuchs an verborgenen Plätzen. Vor unseren Augen bleiben sie meist versteckt. Wenn wir einmal zufällig auf eine Kinderstube von kleinen Säugetieren stoßen, dürfen wir nichts berühren oder verändern und müssen uns zum Schutz der Kleinen rasch zurückziehen. Sonst könnten sich die Eltern gestört fühlen und ihre Jungen verwaist zurücklassen. Ohne die pausenlose Fütterung durch die Eltern könnte kein Nesthocker unter den Vögeln groß werden, ohne die nahrhafte Muttermilch würde kein Säugetierjunges überleben.

Die Feldspitzmaus hat ihr Nest an einer geschützten Stelle unter Steinen am nahrhaften Komposthaufen angelegt. Dort säugt sie ihre zunächst noch nackten und blinden Jungen.

Die Kaulquappenzeit der Laubfrösche im Teich dauert ungefähr zwei Monate. Jetzt klettern die Jungfrösche schon im Gebüsch. Die daumennagelgroßen, grünen Winzlinge sind hier kaum zu erkennen.

Kohlweißlinge legen ihre Eier auf die Blätter von Kohlpflanzen. Nach dem Schlüpfen beginnen die kleinen Raupen sofort zu fressen. Schließlich verzehren sie die Blätter mit Stumpf und Stiel.

Viel selbständiger als Vögel und Säugetiere sind von klein auf Insektenraupen und Reptilienjunge. Bei den Zauneidechsen müssen sie sogar vor den erwachsenen Tieren der eigenen Art auf der Hut sein. Trotzdem werden Junge, die ohne Brutfürsorge aufwachsen, von ihren Eltern nicht vernachlässigt. Die Weibchen haben bei der Eiablage einen Platz ausgewählt, an dem ihr frisch geschlüpfter Nachwuchs möglichst alles findet, was er zum Überleben braucht. Bei Insekten, die in einem Volk zusammenleben, wie den Ameisen, Hummeln oder Hornissen, kümmert sich sogar eine ganze Schar Erwachsener um den Nachwuchs.

Dieser Star fliegt seinen Nistkasten mit Futter im Schnabel an. Die zwei Jungstare der Frühlingsbrut recken ihre Hälse möglichst weit aus dem Einflugloch heraus und sperren ihre hungrigen Schnäbel auf. Natürlich möchte jeder diesen leckeren Bissen als erster erwischen.

Die Jungen der Roten Wegschnecken sehen den ausgewachsenen Tieren schon sehr ähnlich. Ihr Körper ist aber noch bleich bis hellorange gefärbt.

Die meisten der farbenprächtigen Tagfalter kannst du vor allem im Sommer in unseren Gärten antreffen. Nur der Kleine Fuchs tanzt da aus der Reihe. Ihn trifft man, vom zeitigen Frühjahr bis weit in den Herbst hinein, im Garten auf Nektarsuche an. Bereits zur Kätzchenblüte, früh im April, tauchen plötzlich zwei Kleine Füchse in unserem Garten auf. Den Winter haben die Schmetterlinge gut versteckt überstanden. Das Weibchen fand einen sicheren Platz zwischen aufgestapeltem Holz im Gartenhaus. Ihr Männchen konnte über einem Spalt am Dachfirst auf dem Speicher eines Wohnhauses unterkommen.

Wie durch einen unsichtbaren Faden miteinander verbunden, folgt der eine Falter seinem Vorflieger dicht auf. Das Männchen umwirbt das Weibchen. Schließlich setzen die beiden mit Flügelzittern und Antennenspielen am Boden ihre Werbung fort. Doch Paarungsspiele strengen an. Nach den Flügen stillen sie erst einmal ihren Nektarhunger an Huflattich, Weidenkätzchen und dem früh blühenden Seidelbast.

Der Kleine Fuchs

Größe:	Vorderflügelspannweite 5–7 cm
Nahrung:	Weidenkätzchen, Seidelbast, Schmetterlingsflieder
Fortpflanzung:	zweimal im Jahr
Feinde:	Vögel, Fledermäuse
Besondere Merkmale:	deutliche Reihe von Punkten an den Flügelaußenrändern
Typisches Verhalten:	kommt im Herbst auf Winterquartiersuche in die Häuser

Etwas später im Frühjahr, nachdem sich die Brennesseln am Kompost und vor der Gartenhecke entwickelt haben, treffen wir an den Brennesselstauden unseren Kleinen Fuchs wieder. Der feine Geruchssinn hat das Weibchen dorthin geleitet. Sie klebt nun ihre winzigen Eier in Häufchen an die Unterseite von Brennesselblättern. Sie müssen an einem sonnigen Platz liegen.

Die kleinen Raupen schlüpfen alle gemeinsam aus ihren Eiern und verzehren nach und nach die Futterpflanzen. Ihre Gespinstfäden, die sie beim Herumkriechen verspinnen, überziehen bald die ganzen Brennesseln. Bei Erschütterungen lassen sich die Raupen einfach zu Boden fallen. Regenzeiten verbringen sie in tütenförmig zusammengesponnenen Brennesselblättern. So sind sie gleichzeitig vor Freßfeinden und vor schlechtem Wetter geschützt. Die Raupen entwickeln sich zu Puppen, und aus ihnen schlüpfen die Schmetterlinge.

Die Kleinen Füchse, die du im Spätsommer am Schmetterlingsflieder beobachten kannst, sind schon die zweite Generation. Es sind die Nachkommen der Falter, die im Frühsommer, im Juni oder im Juli, geschlüpft waren. Wenn die letzten Blumen im Jahr verblüht sind, suchen sie sich in Kellern oder auf Dachböden geschützte Verstecke zum Überwintern. Erst die Sonne im Frühjahr lockt sie wieder ins Freie.

Im zeitigen Frühjahr sind Weidenkätzchen wichtige Nektarspender für den Kleinen Fuchs. Der Schmetterling saugt den Nektar mit seinem langen beweglichen Saugrüssel auf.

Wußtest du,
daß der Kleine Fuchs sich zweimal im Jahr fortpflanzt? Die im August geschlüpften Falter überwintern.

Kleine Füchse fliegen eine Clematis an und lassen sich zum Nektarsaugen nieder. Für den Kleinen Fuchs und andere Tagfalter können wir den Garten als Schlaraffenland gestalten, wenn wir Brennesseln stehenlassen und Weiden pflanzen.

Wo nektarreiche Blumen, am besten bis in den Herbst hinein, im Garten blühen, kommen auch rasch die Kleinen Füchse zu Besuch.

Harlekin, oder auch Stachelbeerspanner, heißen diese auffallend bunt gefärbten Nachtfalter. Harlekine sind in lauen Sommernächten von Juni bis August unterwegs.

Ein Siebenschläferpaar begibt sich nachts auf Nahrungssuche. Sie leben im Herbst von Haselnüssen, Bucheckern und anderen Pflanzensamen. Im Frühjahr und Sommer verzehren sie am liebsten grüne Pflanzenteile. Nur manchmal jagen sie Insekten und Vogeleier.

Eine Nacht im Garten

Mitten in der Nacht dringt vom Hühnerstall aufgeregtes Gegacker, Flügelschlagen und Gekreische bis in unser Schlafzimmer herüber. Am Fenster können wir gerade noch einen Schatten an der Stallwand entlanghuschen sehen. Weil jemand vergessen hatte, die Hühner am Abend im Stall einzusperren, konnte der Steinmarder eindringen und sich erfolgreich bedienen. Davon zeugen am nächsten Morgen ein fehlendes Huhn und viele Federn. Wenn es im Garten auch nur selten so ein böses Ende nimmt, ist dort des Nachts trotzdem meist einiges los. Viele nachtaktive Tiere sind mit einbrechender Dunkelheit im Garten unterwegs. Du kannst sie beobachten, wenn du dich mucksmäuschenstill auf einen Beobachtungsposten begibst und abwartest.

Viele Blumen schließen mit einsetzender Dämmerung ihre Blüten. Sie machen sozusagen ihren Laden dicht. Andere Blüten, wie die der leuchtend gelben Nachtkerze, beginnen sich erst im Dunklen zu öffnen. Ihr feiner Duft zieht nachtfliegende Insekten unwiderstehlich an. Nicht selten können wir nachts Eulenrufe hören. Während Steinkäuze, Schleiereulen und Waldkäuze oft in Siedlungsnähe leben, kommen die Waldohreulen nur gelegentlich zu Besuch in unsere Gärten.

Am Boden ist die ständig hungrige Spitzmaus pausenlos unterwegs. Sie frißt unzählige der wirbellosen Kleintiere. Denn Asseln, Hundert- und Tausendfüßer nutzen die Luftfeuchtigkeit der Nacht und krabbeln aus ihren Verstecken in der Erde oder im Kompost. Regenwürmer kommen an die Oberfläche und ziehen Blätter in ihre Gänge. Räuberische Bodenlaufkäfer suchen nach Beute. Unüberhörbar ist der schnaubende, schmatzende und schnüffelnde Igel im nächtlichen Garten. Eine Gartenkreuzspinne nutzt die Nacht zum Weben ihres Netzes. Sie muß währenddessen vor Fledermäusen auf der Hut sein. Kohlschnaken und Florfliegen sind nachtaktive Insekten und werden vom Licht in den Häusern angelockt. Sie tanzen draußen vor den erleuchteten Fensterscheiben.

Weil die Tür nicht fest verschlossen war, konnte der Steinmarder nachts in den Hühnerstall eindringen und ein Huhn holen. Seine Hauptnahrung besteht aus Kleinsäugern, Vögeln, Insekten, Regenwürmern, Früchten und Beeren.

Gerade ist die Sonne nach einem schönen warmen Junitag untergegangen. Wir drehen noch in der lauen Abendluft eine Runde ums Haus oder laufen durch den Garten. Plötzlich huschen einige Schatten aus der Holzverkleidung unter dem Hausgiebel hervor. Bevor sie zwischen Bäumen und Sträuchern in der Dunkelheit verschwinden, erkennen wir gegen den Abendhimmel die flatternden Flügelschläge von kleinen Fledermäusen. Es sind Zwergfledermäuse, die hinter dem Holzgiebel unseres Hauses ihr Sommerquartier bezogen haben und nun ins Freie kommen.

Die Zwergfledermaus ist die kleinste und häufigste unserer einheimischen Fledermäuse. Sie zwängen sich gern in enge Spalten und Hohlräume von Gebäuden. Holzverkleidungen an Häusern werden von den Zwergfledermäusen gerne als Quartiere angenommen.

Nach ihrem mehrmonatigen Winterschlaf tauchen Zwergfledermäuse ab April wieder in unseren Siedlungen auf. Die Weibchen schließen sich zu Gruppen von 50 und mehr Tieren zusammen und bekommen im Juni ihre Jungen in Fledermauswochenstuben.

Zwergfledermäuse haben oft Zwillinge als Nachwuchs. Das ist für Fledermäuse ungewöhnlich. Wenn ihre Mütter zum Jagen ausfliegen, bleiben die kleinen Zwergfledermäuse die ersten drei Wochen im sicheren Wochenstubenquartier hinter der Holzfassade zurück. Meist sind Zwergfledermäuse die ganze Nacht auf der Jagd unterwegs. Nur die Mütter können so lange Ausflüge nicht riskieren, denn sie müssen regelmäßig zum Säugen ihrer Jungen zurückkehren.

In naturnahen Gärten ist der Tisch für Zwergfledermäuse reich gedeckt. Sie stoßen für uns kaum hörbare Ultraschall-Schreie aus.

Die Zwergfledermaus

Größe:	3,5–5 cm; Flügelspannweite 18–24 cm
Gewicht:	3,5–8 g
Nahrung:	Insekten
Fortpflanzung:	Juni/Juli; meist zwei Junge
Feinde:	Katze, Marder, Eulen, Greifvögel
Besondere Merkmale:	werden bis zu 17 Jahre alt
Typisches Verhalten:	jagen ihre Beute mit Hilfe von Ultraschall-Schreien

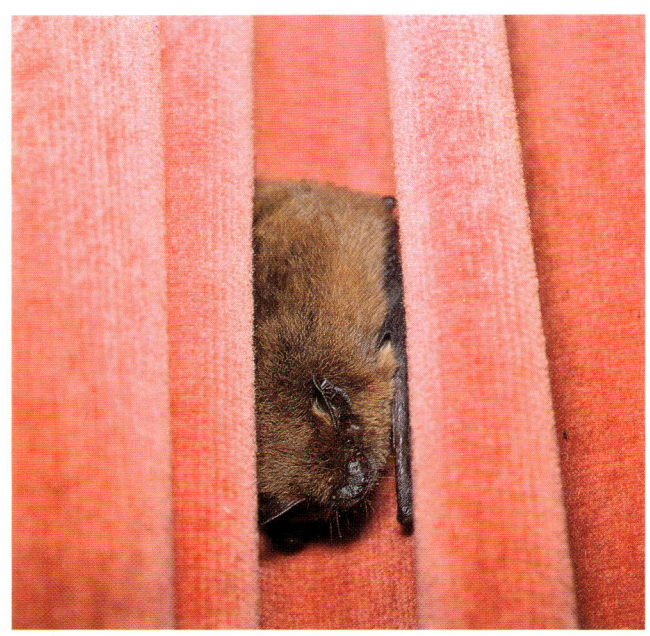

Diese Zwergfledermaus hat sich bei ihrem Quartierwechsel im Spätsommer in eine Vorhangfalte verflogen und braucht unsere Hilfe.

Aus dieser Buntspechthöhle schaut eine Zwergfledermaus hervor.

Nachdem die Fledermaus ihr Quartier in der Dunkelheit verlassen hat, orientiert sie sich mit Hilfe von Ultraschalllauten. Sie findet ihren Weg zwischen Häusern, Ästen und anderen Hindernissen mit Hilfe von Ultraschall-Peillauten.

So können Fledermäuse, im raschen Zick-Zack-Flug, gewandt ihrer Beute hinterher huschen. Ohne dabei je an Hindernisse zu stoßen, jagen sie zwischen Pflanzen, umkreisen Laternen und fangen sich kleine fliegende Insekten, wie Mücken oder Nachtfalter, unter überhängenden Ästen.

Wenn du im Sommer das Jagdrevier einer Zwergfledermaus entdeckt hast, kannst du mit ihrem Auftauchen deine Uhr stellen. Denn sie besucht ihre verschiedenen Jagdgebiete sehr regelmäßig.

Wenn Zwergfledermäuse keine Quartiere in Hausspalten finden, beziehen sie gerne flache Holzkästen, die wir möglichst weit oben an Hauswänden aufhängen.

Wußtest du,

daß es unter unseren einheimischen Fledermausarten keine Blutsauger gibt?

Die Amsel hat ein Würmchen im angefaulten Apfel entdeckt, das sie gleich herauspicken wird.

Leben rund um den Apfelbaum

Apfelbäume im Garten zeigen uns besonders gut den Wechsel der Jahreszeiten und ziehen viele interessante Gäste an. Über 300 verschiedene Tierarten wurden schon rund um einen einzigen Apfelbaum gezählt. Die Apfelblüte läutet den Frühling ein. Bienen, Hummeln und andere Blütenbesucher geben sich dann ein Stelldichein. Nach der Blüte entrollen sich die jungen grünen Blätter. Daran finden Vögel, Kleinsäuger und Käfer ihre Nahrung. Das Wachsen und Reifen der Früchte können wir den ganzen Sommer über verfolgen und uns bei ihrem Anblick auf frischen Apfelkuchen und leckeren Apfelsaft freuen. Sind die Äpfel reif, stellen sich viele Fallobstfreunde ein. Wespen, Fliegen, Asseln, Schnecken, Igel und Stare tun sich an den heruntergefallenen und angefaulten Äpfeln gütlich. Erdkröten werden angelockt, um die Schnecken zu fressen. Schmetterlinge saugen am gärenden Fallobstsaft.

Während der Siebenschläfer weit verbreitet ist, kommt dieser Gartenschläfer sehr selten bei uns vor. Normalerweise ist das Kerlchen mit schwarzer Gesichtsmaske nur nachts unterwegs. Obst zählt neben Insekten, kleinen Wirbeltieren und Vogeleiern zu seiner Lieblingsspeise.

Aber der Apfelbaum hat noch mehr zu bieten, als seine Früchte. Zeitig im Jahr, vom kahlen Geäst, singen Meisen ihr Lied. In einem ausgefaulten Astloch können Kleiber, Stare oder Meisen nisten. Spechte bauen in Apfelbäumen ihre Höhlen. Werden sie verlassen, nisten sich Meisen, Stare, Siebenschläfer oder Fledermäuse darin ein. Der in den Siedlungen häufige Buntspecht benutzt Ast- und Stammspalten von Apfelbäumen als seine Spechtschmiede. Dort klemmt er seine Fichten- oder Tannenzapfen ein, um besser mit dem Schnabel die Samen herauszuhacken.

Der Gartenbaumläufer huscht wie eine Maus am Apfelbaumstamm entlang. Der kleine Vogel sucht mit seinem Pinzettenschnabel die Rindenritzen nach Spinnen und Insektenpuppen ab. Die Larven einiger Käferarten, wie Bockkäfer und Prachtkäfer, legen Gangsysteme unter die Rinde oder ins Holz der Apfelbaumstämme. Diese Minihöhlen werden gern weitergenutzt: Wildbienen, Blattschneider- und andere Bienen beziehen als Nachmieter die Bohrgänge von Käferlarven. Die meisten Käfer ernähren sich auch von Holz, während manche Borkenkäferarten Pilzrasen als Nahrung ansehen. Algen und Flechten auf Stamm und Ästen von Apfelbäumen sind Weidegründe für Moosmilben und Schnecken.

Wo Wiesen unter Apfelbäumen nur selten gemäht werden und wo es genügend Blattläuse gibt, fühlen sich die Wiesenameisen besonders wohl. In Erdkuppelbauten bilden sie große Kolonien. Davon ernährt sich der seltene Wendehals. Der unscheinbare Spechtvogel brütet in Baumhöhlen und hat eine besondere Vorliebe für die Ameisennahrung entwickelt. Auch der Grünspecht ernährt sich von ihnen.

Stare fallen scharenweise zur Nahrungssuche unter den Apfelbaum ein.

Die meisten Kleinsäugetiere im Garten sind ausgesprochen scheu. Still und heimlich, des Nachts unterwegs, vermeiden sie am liebsten jede Begegnung mit den Menschen. Ganz anders verhält sich da der Igel. Wo er im Garten vorkommt, ist er nicht zu überhören. Man kann schon einen richtigen Schreck bekommen, wenn sich nachts unterm Apfelbaum oder in der Hecke etwas laut schnaubend und schmatzend bewegt. Auch bei den Paarungen der Igel im Frühjahr wird viel gefaucht.

Kein Wunder, daß die Igel sich so unbekümmert benehmen. Sie tragen ein Stachelkleid aus 5000–7500 spitzen Stacheln, die sie wie eine Ritterrüstung schützen. Droht Gefahr, können sich Igel mit Hilfe eines dicken Muskelringes zu einer Stachelkugel zusammenrollen. Ist die Gefahr nicht groß, wird oft nur die Stachelhaut ins Gesicht gezogen.

Igel überwintern zusammengekugelt in einem großen, mit Laub, Moos und Ästchen ausgepolsterten Nest. Es wird in geschützten Reisighaufen, Hecken, unter Kompost- und Laubbergen oder in trockenen Höhlungen und selbstgegrabenen Löchern angelegt. Mit gelegentlichen Unterbrechungen dauert seine Winterruhe etwa von Oktober bis April. Mit den ersten lauen Aprilnächten geht er wieder auf Jagd und hat es vor allem auf Regenwürmer, Insekten, Schnecken und kleine Wirbeltiere abgesehen. Jetzt bedient er sich auch gern wieder schmatzend an der Schüssel mit dem Katzenfutter.

Im Juni und Juli paaren sich die Igel. Ende Juli, Anfang August kommen dann die Igelkinder zur Welt. Frühestens nach drei Wochen unternehmen sie gemeinsame Streifzüge mit der Igelmutter.

Der Igel

Größe:	etwa 35 cm
Gewicht:	450–1200 g
Nahrung:	Insekten, Regenwürmer, Schnecken, Eidechsen, Schlangen, Frösche, junge Mäuse und Vögel
Fortpflanzung:	paaren sich zweimal im Jahr; bringen nach 5–6 Wochen Tragzeit bis zu 7 Junge zur Welt
Feinde:	Fuchs, Dachs, Iltis, Uhu
Besondere Merkmale:	dichtes Stachelkleid
Typisches Verhalten:	rollt sich bei Gefahr zusammen

Igeljunge kommen blind im Nest zur Welt und öffnen nach gut zwei Wochen die Augen. Wenn sie eine Woche später ihrer Mutter nach draußen folgen, verständigen sich die Jungigel über hohe Zwitscherlaute mit ihr.

Zum Spätsommer hin entwickeln Igel einen unbändigen Appetit und verzehren neben ihrer tierischen Nahrung auch jede Menge Fallobst, Beeren und Pilze. In nur drei Wochen können sie so ihr Gewicht verdoppeln. Ein gut genährter Igel sucht sich im späten September oder im Oktober bereits einen passenden Unterschlupf zur Winterruhe. Ist es über mehrere Tage kühler als 10 Grad, rollt er sich bald zum Schlafen ein. Ob er dann von Regenwürmern träumt?

Regenwürmer zählen neben Schnecken zur Hauptnahrung des Igels. Er erbeutet sie nachts, wenn sie an die Erdoberfläche kommen. Naturgärten bieten auch Igeln viele Verstecke.

Wußtest du,

daß die Igelkinder schon mit Stacheln zur Welt kommen, die bei der Geburt aber noch ganz weich sind?

Geben und Nehmen in der Natur

An und von Pflanzen leben viele Tierarten. Besonders Insekten pflegen oft ganz enge Beziehungen mit ihren Wirtspflanzen. So fressen Schmetterlinge nur von ihren Raupenfutterpflanzen, Blattläuse saugen aus ihren Wirtspflanzen Saft. Wovon der Kartoffelkäfer lebt, sagt schon sein Name.

Im Frühjahr sind im Gemüsegarten Saatkartoffeln in die Erde gelegt worden. Sie haben in der feuchten, fruchtbaren Erde zunächst zu Keimen begonnen: Die ersten ihrer Keime schoben sich nach oben durch die Erde und bildeten Blätter. An ihre Unterseite hat ein Kartoffelkäferweibchen seine orangeroten Eier gelegt. Die daraus geschlüpften roten Larven haben sich kräftig von den Blättern ernährt. Daß sie die Pflanzen nicht völlig kahl fressen konnten, haben wir ihren natürlichen Feinden, wie den Vögeln, zu verdanken.

Nach unten wuchsen aus den Kartoffelkeimen Wurzeln. Sie versorgten die wachsende Pflanze während des ganzen Sommers mit Nährstoffen und Feuchtigkeit aus dem Boden. Schließlich trieb die Kartoffelpflanze zartlila Blüten. Unter der Erde bildeten sich an den langen Wurzelausläufern viele neue Kartöffelchen. Bis zum Herbst sind sie, vollgestopft mit Nährstoffen, zu dicken, wohlschmeckenden Kartoffeln herangewachsen.

Bei der Ernte stellt man plötzlich fest, daß sich unter der Erde schon die Wühlmaus an den Kartoffeln bedient hat. Nicht nur wir Menschen nutzen Pflanzen, ihre Früchte und Nährstoffe. Auch zahllose Tiere finden dort ihre Nahrung.

Eine Honigbiene saugt Nektar aus einer Borretschblüte und bestäubt sie dabei. Weil Bienen zur Vermehrung vieler Pflanzen beitragen, bezeichnen wir sie als nützlich.

Blattläuse saugen Pflanzensaft und bilden daraus Honigtau. Den mögen Bienen, Ameisen, Fliegen und Schlupfwespen besonders gern.

Viele Tiere ernähren sich von Kartoffelpflanzen: Kartoffelkäfer und ihre Larven fressen die Blätter. Unbemerkt unter der Erde nagen Wühlmäuse an den nährstoffreichen Kartoffelknollen.

Die Kartoffel wurde zur Zeit von Christoph Kolumbus bei uns eingeführt. Mit ihr kamen auch die Kartoffelkäfer nach Europa. Weil sie unsere Kartoffelpflanzen auffressen, nennen wir sie Schädlinge. Für den Vogel, der sie erbeutet, sind sie aber nützlich. Dieser Kartoffelkäfer entfaltet seine Flügel zum Abflug.

Wenn Tiere an Pflanzen gehen, die wir ernten wollen, nennen wir sie oft Schädlinge. Die Natur aber unterscheidet nicht zwischen nützlich und schädlich. Jede Pflanze, jedes Tier muß leben, wachsen und sich vermehren. Dabei helfen ihnen einige andere Pflanzen und Tiere, wieder andere sind deren Konkurrenten. Wer den Nutzen oder den Nachteil hat, das hängt davon ab, aus welcher Sicht man die Sache betrachtet. Uns ärgern die Schnecken am Salat, der Igel freut sich über sie.

Gerade willst du einen schönen roten Apfel aufheben, da bekommst du einen gewaltigen Schreck: Vor deiner Nase brummt laut ein schwarzgelbes Insekt davon, das viel größer als eine Wespe ist. Der Riesenbrummer kann nur eine Hornisse sein! Vielleicht fallen dir gleich alle möglichen Horrorgeschichten ein. Drei Hornissenstiche sollen einen Mensch, sieben Stiche sollen ein Pferd töten können. Alles Quatsch! Hornissenstiche sind nicht giftiger oder gefährlicher als Bienen- oder andere Wespenstiche. Nur Menschen, die auf Insektenstiche empfindlich oder allergisch reagieren, sollten sich besonders vorsehen.

Die Hornisse kommt noch einmal dicht an dir vorbei. Jetzt schleppt sie wie ein winziger Transporthubschrauber eine dicke grüne Raupe fort und bringt sie zu ihrem Nest. Dort wird die Raupe an die Nachkommenschaft verfüttert. Im Spätsommer ist das Hornissenvolk schon sehr groß geworden. Über 300 Arbeiterinnen sind mit der Versorgung der Brut beschäftigt. Täglich bringen sie Tausende von Beutetieren zum Nest. Weil Hornissen vor allem verschiedene Fliegenarten und Raupen jagen, leisten sie wertvolle Dienste bei der natürlichen Schädlingsbekämpfung.

Obwohl die Entwicklung des Hornissenvolks gerade erst ihren Höhepunkt erreicht hat, neigt sich das Hornissenjahr schon seinem Ende zu. Aus den zuletzt von der Hornissenkönigin gelegten Eiern schlüpfen Larven, die sich nach knapp 2–3 Wochen einspinnen und die sich nach weiteren 14 Tagen in Männchen und junge Königinnen verwandeln. Nachdem sie zu ihren Hochzeitsflügen gestartet sind, geht das alte Hornissenvolk bis Ende Oktober langsam ein. Überwintern werden nur die jungen begatteten Königinnen.

Die Hornisse

Größe:	2–3,5 cm (unsere größte Wespenart)
Nahrung:	Insekten, Früchte, aussickernde Baumsäfte
Fortpflanzung:	Königin legt Eier; Larven schlüpfen und verpuppen sich nach 2–3 Wochen; daraus entwickeln sich Hornissen
Feinde:	Vögel
Besondere Merkmale:	staatenbildende Insekten mit Königin, Arbeiterinnen und stachellosen Männchen
Typisches Verhalten:	bauen riesige Waben

Hornissen sind unsere größten Wespen. Sie sind ebenso ungefährlich wie nützlich.

Wußtest du,

daß Hornissen in warmen Nächten auch bei Mondschein unterwegs sind? Dabei kann es passieren, daß sie in beleuchtete Fenster einfliegen. Wenn du das Licht ausknipst, können sich die Tiere wieder orientieren und wegfliegen.

Hornissen ernähren sich vor allem von Insekten, Baumsäften und Früchten. Hier nagt eine Arbeiterin Fruchtfleisch aus einem reifen Apfel, den sie gefunden hat.

Hornissen errichten ihre Wabennester gerne auf Dachböden. Läßt man ihre Nester in Ruhe, geht von ihnen keinerlei Gefahr aus.

In die Waben legt die Königin je ein Ei. Die Larven werden von den Arbeiterinnen versorgt. Die Hülle um die Waben regelt die Temperatur.

Wenn die Königinnen im nächsten Jahr aus ihrem Winterunterschlupf, in einem Baum- oder Mauseloch, wieder herauskommen, beginnt der neue Lebenszyklus eines Hornissenvolkes. Ganz auf sich allein gestellt, sucht sich die Königin einen geeigneten Neststandort und gründet einen neuen Hornissenstaat. Fehlen alte, hohle Bäume, errichtet sie ihren Wabenbau auf Dachböden, in Gartenhäuschen oder Vogelnistkästen.

Für den Wabenbau raspelt sie winzige, trockene und morsche Holzteilchen ab und formt sie mit ihrem Speichel zu einer papierartigen Masse. Dann beginnt sie mit der Eiablage in die sechseckigen Waben. Eine Schutzhülle um die Waben sorgt für das richtige Klima. Aus der ersten Brut schlüpfen Arbeiterinnen, die der Königin beim weiteren Nestbau und der Brutfürsorge helfen. Hoffentlich nisten sie bei Menschen, die wissen, daß Hornissen ebenso harmlos wie nützlich sind und zu den bedrohten Arten gehören.

Wer Hornissen helfen will, kann einen gekauften oder selbstgebauten Hornissenkasten aufhängen.

Hornissen sind harmlos. Die Hand am Einflugloch des Kastens wird nur interessiert untersucht.

Ein Kleid aus grünen Pflanzen

Unser Garten kann schon an der Hauswand anfangen. Dann, wenn unser Haus ein grünes Kleid aus Pflanzen trägt. Kletterpflanzen sind wie Kleider für Häuser: Mit ihren Blättern, Blüten und Früchten machen sie Hauswände schöner und schmücken sie. Das Pflanzenkleid unseres Hauses wirkt sogar schützend. Die Blätter filtern die Luft, bringen im Sommer Kühlung, wirken schalldämmend und können, wie der immergrüne Efeu, im Winter die Wärme halten. Das sind nur einige der Vorteile, welche die grünen Pflanzenkleider für uns und unser Haus erwirken.

Auch viele Gartentiere nutzen die grünen Wände als Versteck, Brutplatz oder zur Nahrungssuche. Manche Menschen sehen darin einen Nachteil. Sie fürchten, daß Ungeziefer über die Pflanzen ins Haus gelangen könnten. In Wirklichkeit locken begrünte Pflanzenwände Tiere zwar ans Haus, aber nicht hinein. Sie sind allesamt harmlos und können sich höchstens einmal zu uns hinein verirren. Wir sollten ihnen gleich helfen, wieder in die Freiheit zurückzufinden, ohne sie zu verletzen.

An begrünten Hauswänden spielt sich vieles buchstäblich vor unserer Nase ab. Bis zu 80 Wild- und Honigbienenarten sowie verschiedene Hummeln und Schwebfliegen werden von Efeu, Geißblatt, Schlingknöterich, Wildem Wein, Clematis oder Weinrebe angelockt. Schmetterlinge, vom Hummelschwärmer bis zum Nachtschwalbenschwanz, besuchen die Blüten oder leben als Raupen von den Blättern. 23 Vogelarten mögen die Beeren des Wilden Weines, darunter sind Haussperling, Grauschnäpper, Kohlmeise, Misteldrossel, Distelfink, Rotkehlchen, Ringeltaube. An die blauschwarzen Efeubeeren gehen Star, Amsel, Kernbeißer und Seidenschwanz. Der Efeu ist eine besonders wichtige Kletterpflanze. Seine Früchte reifen von März bis Mai, also zu einer Zeit, in der es sonst keine Beeren gibt. Die Efeubeeren können viele Vögel über die insektenarme Zeit retten.

Die Mönchsgrasmücke liebt besonders die roten Früchte des Gartengeißblattes. Im dichten Grün der Kletterpflanzen bauen einige Vögel sogar ihre Nester: Zaunkönig, Hausrotschwanz, Grünfink, Grauschnäpper und Amsel.

Und manchmal findet sogar die Zauneidechse an der Hauswand ihr Versteck. Auch Käfer, Spinnen, Asseln, Blattläuse und Blattwanzen sind im grünen Dickicht an der Hauswand unterwegs. Sie können niemals zu viele werden, denn sie dienen anderen Tieren wieder als Nahrung. Kletterpflanzen lohnen sich an jedem Haus. Ohne Kletterhilfe kommen Pflanzen wie der Efeu oder der Wilde Wein aus. Sie klettern mit ihren kleinen Saugwurzeln oder Haftscheiben an den Wänden hoch. Die meisten anderen Kletterpflanzen brauchen zum Klettern Hilfen wie Latten-, Schnur-, Draht- oder Stangengerüste. Mit kleinen Nistkörbchen siedeln sich Vögel schnell im neuen Grün an.

Du kannst vom Fenster aus in deinem Garten am Haus spannende und aufregende Geschichten beobachten. Schau einfach einmal genauer hin.

Ein Weinschwärmer saugt Nektar aus einer Clematis-Blüte an der Hauswand. Seine Eier legt dieser Schmetterling gerne an Weinreben ab. Die geschlüpften Raupen fressen die Blätter.

Vor der Hauswand klettert Wein am Spanndraht hoch und lockt viele Besucher an: Kleiner Fuchs, Hummel, Amsel, ein Schnellkäfer, Ameisen und Schwebfliegen sind zu Gast.

Ein unterirdisches Hummelnest im Garten. Die Larven sind aus ihrer ersten Wiege, dem Wachsnäpfchen, längst herausgewachsen und haben sich zur Verpuppung einzeln in runde Kokons eingesponnen. Nach 7–10 Tagen schlüpfen die Arbeiterinnen. Sie bauen neue Wachsnäpfchen für weiteren Nachwuchs. Hummeln erzeugen durch Flügelzittern in ihren Nestern Brutwärme für die Eier und für die Entwicklung der Larven in den braunen Kokons.

Mit tiefem Summton fliegt eine dicke Hummel niedrig über die Blumenwiese und läßt sich auf einer Aster nieder. Sie saugt Nektar und fliegt weiter zum Rand des Gartenweges. Dort kreist der dicke Brummer dicht über dem Boden, und du kannst sehen, wie bunt gezeichnet die Hummel ist. Das schwarzpelzige Tier trägt einen goldgelben Kragen, auch in Höhe der Taille ist es goldfarben. Plötzlich verschwindet das Tier in einem Mauseloch. Gerade noch kannst du sein weißpelziges Hinterteil aufblitzen sehen.

Du hast eine Gartenhummel entdeckt. Sie ist eine der wenigen Hummelarten, die im Spätsommer zum zweiten Mal im gleichen Jahr ein Nest baut und Nachkommen aufzieht.

Bei der Suche nach einem Nistplatz ist die Gartenhummel-Königin nicht besonders wählerisch. Die Hauptsache ist, die Brut wächst geschützt und trocken auf. Dafür sind verlassene, unterirdische Mäusenester ebenso recht wie oberirdische, alte Vogelnester, Nistkästen oder Baumhöhlen. Auch Ställe, Scheunen, Schuppen oder Dachböden können der Königin gefallen. Mit ihren Kreisflügen um das Mauseloch hat sie gezeigt, daß ihr der Nistplatz zusagt. Gleichzeitig prägt sie sich dabei den Ort und die Umgebung genau ein, so daß sie die Stelle später jederzeit wieder findet.

Die Gartenhummel

Größe:	1,2 cm (Arbeiterin) bis 2,2 cm (Königin)
Nahrung:	Nektar aus Gartenblumen, Obstbaumblüten
Fortpflanzung:	Königin legt Eier; Larven schlüpfen und verpuppen sich; daraus entwickeln sich Hummeln
Feinde:	kleine Säugetiere, Neuntöter, Wachsmotte, Schlupfwespe
Besondere Merkmale:	staatenbildende Insekten; sehr langer Rüssel
Typisches Verhalten:	50–100 Tiere bilden ein Hummelvolk

Unten im Mauseloch zerbeißt die junge Königin das vorgefundene Nistmaterial. Das sind trockene Pflanzenfasern und Mäusehaare. Daraus formt sie ihre dicke Nestkugel und baut Vorratsbehälter für Honig hinein. Als Baumaterial dient Wachs, das sie an der Unterseite ihres Hinterleibs ausschwitzt. Vor der Eiablage sammelt sie Pollen als Vorrat zur Ernährung der später schlüpfenden Larven.

Eine Gartenhummel beim Blütenbesuch an einer Flockenblume. Mit ihrem bis zu 2 cm langen Rüssel kommt sie auch in lange, enge Blütenröhren.

Wußtest du,

daß eine Hummel dreimal so viele Blüten besucht wie eine Honigbiene? Täglich braucht sie schon allein für sich den Nektar von 450 Blüten.

Fressen und gefressen werden

Die Beziehungen zwischen den einzelnen Lebewesen sind sehr vielschichtig. Wenn du einmal verfolgst, wer in einem Garten wen frißt, kannst du viele Zusammenhänge erkennen. Stell dir vor, daß die grünen Pflanzen am Anfang stehen. Wie kleine Fabriken stellen sie mit Hilfe des Sonnenlichtes Nährstoffe her. Davon ernähren sich alle Pflanzenfresser. Die Fleischfresser wiederum können pflanzliche Nährstoffe nur schlecht oder gar nicht verwerten. Sie müssen andere Tiere erbeuten. Solch eine Nahrungskette kann in unserem Garten so aussehen:

Eine Kohlmeise turnt geschickt im Geäst eines Apfelbaumes umher. Sie sammelt dort Läuse ab, die sie an ihre Jungen im Nistkasten verfüttert.

Zwischen Apfelbaum und Schuppenwand hat eine Spinne ihr Netz gebaut. Dort hinein fliegt gerade ein kleines Insekt. Durch das Zappeln aufgeschreckt, saust die Spinne zu ihrer Beute. Im gleichen Augenblick nähert sich die Kohlmeise. Schon gähnt im Spinnennetz ein großes Loch. Bevor sich die Spinne über ihren Fang hermachen konnte, wurde sie selbst zur Beute.

Über eine Wiese hüpft ein Amselmännchen. Plötzlich bleibt es stehen und legt seinen Kopf schief. Gezielt pickt es zwischen die Grasbüschel und zieht einen langen Regenwurm aus der Erde. Der verzehrte gerade ein heruntergefallenes Apfelbaumblatt, das er sich in seine Röhre gezogen hatte. Auch die Amsel hat nur kurze Freude an ihrem Wurm. Vor lauter Jagdeifer hat sie die Katze übersehen, die sich immer näher an sie anpirschte. Gut getarnt lag sie im nahen Blumenbeet. Mit einem Satz springt sie die Amsel von hinten an und beißt ihr das Genick durch. Alles Schimpfen und Lärmen der anderen Vögel im Garten nutzt dem Amselmännchen nichts mehr. Die Katze packt ihre Beute am Hals und trägt sie zum Verzehr an ein ruhiges Plätzchen.

Eine von vielen möglichen Nahrungsketten im Garten: Von den Zwetschgen ernähren sich die Raupen des Pflaumenwicklers. Nach Überwinterung in einem Kokon schlüpft der Schmetterling (unten). Er gerät ins Netz einer Kreuzspinne, die ihn kurz darauf verzehrt.

Die Kreuzspinne wird von einem Gartenrotschwanz-Weibchen gefressen. Das Rotschwänzchen wiederum wird Beute des Steinmarders.

Wer beobachtet, wie eine Katze einen Vogel erbeutet, der regt sich meistens darüber auf. Fast immer gehört unsere Sympathie dem armen Vogel, der zur Beute der bösen Katze geworden ist. Dabei hat die Katze, als Raubtier, nichts anderes getan als das, was zu ihrer Natur gehört: Jagen und Beutemachen.

Die Blaumeise, die Spinne und die Amsel machen es nicht anders: Sie leben von Tieren, die sie ebenfalls erbeuten. Ein voneinander Abhängigsein, ein Fressen und Gefressenwerden, ist in der Natur die Regel. Auch in unserem Garten.

Zwischen Zweigen und Hauswand hängt im Garten ein großes Spinnennetz. Früh am Morgen ist es mit Tautropfen der letzten Nacht dicht besetzt und glitzert in der Sonne. Am Nachmittag dagegen kann man es von weitem kaum sehen. Aus der Nähe entdeckst du die Spinne. Es ist eine Kreuzspinne mit ihrer auffälligen Kreuzzeichnung auf dem Rücken. Eine Fliege muß die Spinnfäden übersehen haben und zappelt seitlich im Netz. Wie der Blitz saust die Spinne auf sie zu. Mit einem Giftbiß lähmt die Spinne ihre Beute. Sie hat die Fliege in ihre Fäden eingewickelt, aus dem Netz befreit und ist erneut an ihren Lauerplatz zurückgekehrt. Hier erbricht sie etwas Verdauungssaft über dem Opfer und saugt das darin gelöste Körpergewebe der Fliege auf. Die unverdaulichen Überreste ihrer Beute läßt sie zu Boden trudeln. Kurz darauf wartet sie wieder auf neue Opfer.

Gerät ein Beutetier in die Fangfäden des Netzes, reagieren die Sinnesorgane in den Spinnenbeinen auf die Erschütterung. Blitzschnell verläßt die Spinne ihren Lauerplatz und stürzt sich auf die Beute.

Die Kreuzspinne

Größe:	etwa 1,5 cm; eine unserer größten Spinnen
Nahrung:	vor allem Fluginsekten
Fortpflanzung:	Paarung im Spätsommer; Weibchen stellt in September/Oktober Eikokons her, aus denen im Frühjahr Jungspinnen schlüpfen
Feinde:	Vögel, Fledermäuse
Besondere Merkmale:	Kreuzzeichnung auf dem Rücken
Typisches Verhalten:	sitzt tagsüber in der Netzmitte; bei trübem Wetter seitlich vom Netz in einem Schlupfwinkel

Ihre Spinnfäden spinnen sie aus einigen tausend Spinndrüsen, die in Spinnwarzen am Hinterende des Körpers sitzen. Aus verschiedenen Spinndrüsen kann die Spinne ganz verschiedene Arten von Spinnseide herstellen: glatte oder klebrige Fäden, Sicherheitsfäden, zähflüssige Klebefäden zum Kitten der Knotenpunkte im Netz und Fäden zum Einspinnen des Eikokons. Solche Kunstwerke dürfen nicht mutwillig zerstört werden.

Zur Paarung ab August nähert sich das kleine Männchen der Gartenkreuzspinne seiner Braut nur sehr vorsichtig. Es spinnt zum Netz des Weibchens einen Werbefaden. Daran zupft es ununterbrochen und macht so auf sich aufmerksam.

Eine Gartenkreuzspinne von unten. An ihrem Hinterende erkennt man die Spinnwarzen. Spinnen hören mit ihren Beinen. Besondere Hörhaare bemerken leichteste Luftbewegungen, die von einem fliegenden Insekt ausgehen können.

Vielleicht ist es die Art und Weise wie Spinnen Beute fangen und verzehren, die sie für viele von uns so unsympathisch machen und manchen sogar Angst einjagen können. Dabei sind Spinnen außerordentlich nützliche Tiere, die in einem Sommer Tausende von Insekten fangen. Spinnen haben außerdem einige sehr interessante Fähigkeiten. Ihre Kieferklauen wirken wie feinste Injektionsnadeln. Durch die hohlen Kanülen spritzen sie Gift, durch das ihre Beute rasch gelähmt wird. Wenn die Giftspritze nicht gebraucht wird, kann sie wie ein Taschenmesser eingeklappt werden.

Wußtest du,

daß das kleine Spinnenmännchen nach der Paarung schnell flüchten muß, weil es sonst vom Weibchen gefressen wird?

Zugvögel und Wanderfalter

Wer denkt schon beim Spaziergang durch den Garten, daß sich darin Gäste aus der weiten Welt aufhalten? Vögel, wie der Hausrotschwanz und der Gartenrotschwanz, zählen dazu, aber auch einige Schmetterlinge und sogar Schwebfliegen unternehmen kürzere oder längere Fernreisen.

Der Hausrotschwanz lebt bei uns von März bis November und fliegt dann als Kurzstreckenzieher in sein Winterquartier nach West- oder Südeuropa oder gar Nordafrika, wo es überall wärmer ist als bei uns. Der Gartenrotschwanz ist dagegen ein Langstreckenzieher. An seiner roten Brust, einer schwarzen Kehle und einer scharf abgesetzten weißen Stirn kannst du ihn erkennen. Von April bis

Als Wanderschmetterling fliegt der Distelfalter im Frühjahr bis aus Nordafrika zu uns, legt dabei über 2000 km zurück und überquert Alpenpässe von mehr als 2000 Meter Höhe. Die Falter Admiral, Großer und Kleiner Kohlweißling, Postillon und Großes Ochsenauge gehören ebenfalls zu den Wanderschmetterlingen.

Oktober jagt er bei uns zwischen Gemüse und Obstbäumen Insekten nach. Wird es im Herbst kühler, bricht er nach Süden auf und fliegt bis in die afrikanischen Savannen, wo er zwischen Elefanten und Löwen auf Insekten-Safari geht. Im Frühjahr kehren die männlichen Gartenrotschwänze ein paar Tage vor den Weibchen aus Afrika zurück. Sofort suchen sie sich ihre Reviere und machen Streitigkeiten untereinander aus. Wenn die Weibchen eintreffen, kann die Partnersuche und Paarungszeit beginnen.

Das Flugprogramm der Zugvögel ist angeboren. Seit Millionen von Jahren gehen sie zweimal im Jahr auf Wanderschaft. Die Vorteile des reichen Nahrungsangebots in Frühling und Sommer bei uns und das frostfreie Klima Südeuropas und Afrikas lassen sich so gut verbinden. Auf ihrer langen Wanderung orientieren sich Zugvögel nach der Sonne, dem Stand der Sterne, oder sie richten sich nach dem Magnetfeld der Erde.

Distelfalter, die im Mai und Juni bei uns umherflattern, haben ebenfalls eine lange Reise hinter sich. Bis zu 2000 Kilometer sind diese

Der Gartenrotschwanz ist ein Zugvogel, der das Frühjahr und den Sommer bei uns verbringt. Im Herbst zieht er nach Süden ins Winterquartier, oft weit bis nach Afrika.

Schmetterlinge aus dem warmen Nordafrika oder Südeuropa zu uns geflogen. Dabei haben sie sogar die Alpen überquert. Wenn sie ein geeignetes Plätzchen mit reichlich Disteln gefunden haben, beginnen sie mit der Paarung. Die Weibchen legen ihre Eier an Disteln ab, und die daraus herangewachsenen Schmetterlinge fliegen noch weiter nach Norden. Dort vermehren sie sich wieder an einem Ort, wo es viele Disteln als Futterpflanzen gibt. Die Kinder dieser Schmetterlinge fliegen dann im Herbst nach Süden. Es sind wohl die sinkenden Temperaturen und die kürzer werdenden Tage, die den Distelfaltern den Weg in den Süden weisen. Wie bei den Zugvögeln ist auch bei den Wanderfaltern das Flugprogramm angeboren.

Der Sperber

Größe:	Flügelspannweite Männchen etwa 62 cm, Weibchen 74 cm
Gewicht:	Männchen etwa 150 g, Weibchen etwa 290 g
Nahrung:	Vögel, kleine Säugetiere
Fortpflanzung:	brütet im April/Mai in etwa 33 Tagen 3–6 Eier aus
Feinde:	Habicht, Baummarder, Eichelhäher
Besondere Merkmale:	kurze, abgerundete Flügel, langer Schwanz
Typisches Verhalten:	auf Kurzstrecken sehr schnell; Überraschungsjäger

Wußtest du,

daß das Sperberweibchen beim Brüten vom viel kleineren Männchen mit Nahrung versorgt wird?

Ein bitterkalter Wintertag. Vor einigen Tagen fiel reichlich Schnee vom Himmel und deckte alles mit dichten, weißen Flocken zu. Unsere Futterstelle wird jetzt von vielen verschiedenen Singvögeln genutzt, die der Hunger bis ans Haus treibt. Gerade ist eine ganze Gruppe Haussperlinge zum Fressen gekommen.

Doch plötzlich herrscht große Aufregung. Alle Spatzen fliegen auf, piepsen mit ängstlichen warnenden Lauten und stieben davon. Wie aus dem Nichts ist ein Sperber aufgetaucht und packt sich einen der flüchtenden Sperlinge. Selbst die Dornenhecke bietet dem Vogel keine Rettung.

Im Winter jagt der Sperber gerne in der Nähe von Ortschaften und schlägt dann auch Kleinvögel an ihren Futterplätzen. Dabei fliegt er Überraschungsangriffe im niedrigen Suchflug entlang einer Deckung.

Beim Packen ihrer Beute sind Sperber so ungestüm, daß sie auch eine Dornenhecke nicht hindern kann. Manchmal verfolgen sie einen Vogel bis ins offene Fenster.

Der Sperber kann mit seinen langen Beinen und kräftigen Krallen auch im Gestrüpp zielsicher sein Opfer ergreifen.

Sekunden danach ist es im winterlichen Garten so still wie zuvor, nur ein paar Federchen im Schnee zeugen von dem Ereignis. Wer es beobachtet hat ist vielleicht entsetzt. Aber Greifvögel, wie der Sperber, müssen andere Tiere töten, weil sie sich von ihnen ernähren.

Wenn wir Singvögel im Winter am Futterhaus versorgen und sich der Sperber dort seine Beute sucht, dann haben wir auch ihm geholfen. Als Kleinvogeljäger muß der Sperber schnell und geschickt sein. Sein Auftauchen wird meist durch intensives grelles Warngeschrei der Kleinvögel angekündigt.

Der winterliche Garten

Auch im tiefsten Winter, bei Kälte oder unter einer Schneedecke, sind Naturgärten nicht leer oder gar verlassen. Sie bieten vielen Tieren Verstecke und Nahrungsplätze. Dabei können wir oft ihre Spuren entdecken oder sie besonders gut beobachten.

Mit der Winterfütterung für Vögel sollten wir immer erst beginnen, wenn Dauerfrost herrscht oder alles dick von Schnee bedeckt ist. Sonst greifen wir zu sehr in den Kreislauf der Natur ein. Vorher finden die Tiere immer noch genug Insekten, Fallobst oder Wildfrüchte an den Hecken als Nahrung.

Ins Futterhaus an einem geschützten Platz gehört die richtige Futtermischung, die trocken und sauber sein muß. Essensreste oder Brotkrümel sind nicht geeignet.

Viele Vögel sind zum Futterplatz gekommen. Kohlmeisen picken Körnerfutter, und ein Dompfaff mit roter Brust ruht sich auf dem Dach des Häuschens aus. Die Amsel hat sogar einen Apfel gefunden.

Artgerechtes Futter und häufiges Reinigen gehören zu den Selbstverständlichkeiten.

Besser ist es, fertiges Körnerfutter zu kaufen, Meisenringe oder Sonnenblumenkernnetze aufzuhängen. Weichfresser, wie Amseln oder die Heckenbraunellen, nehmen gerne auch Obst, Rosinen und Haferflocken.

Während der Igel im Nest unter Laub und Geäst seinen Winterschlaf hält, verlassen Mäuse für kurze Zeit ihr Versteck. Spuren im Schnee verraten sie. Ein Hermelin hat eine Kohlmeise erbeutet. Der Kleiber sucht die Baumrinde nach Kleingetier ab. In den hohlen Stengeln der Pflanzen überwintern Larven.

Kleines Lexikon

Dieses kleine Lexikon findest du in jedem Kinder-Kosmos. Wenn du nun jedes Lexikon abschreibst und alles neu alphabetisch ordnest, kannst du dir selbst ein großes Kinder-Kosmos-Lexikon zusammenstellen.

Amphibien leben teilweise im Wasser und teilweise an Land. Dazu gehören Frösche, Kröten und Molche. Sie sind wechselwarm, das heißt, sie können ihre Körpertemperatur nicht von innen her gleich warm halten. Ihre Eier legen sie im Wasser ab, daraus entwickeln sich Larven (mehr darüber unter *Larven*).

Augenflecken Manche Schmetterlinge haben auf den Flügeln einzelne oder mehrere runde Flecken. Diese Muster nennt man Augenflecken.

Balz Wenn ein Männchen um ein Weibchen wirbt, kommt es zu einem ganz bestimmten Verhalten. Die Kleinen Füchse zum Beispiel werben vor der Paarung mit Flügelzittern und Antennenspielen umeinander. Dieses Verhalten nennt man Paarungsspiel oder auch Balz.

bestäuben In der Blüte einer Pflanze wird Blütenstaub gebildet. Wenn der Wind oder ein Tier Blütenstaub auf den Blütenstempel einer anderen Blüte trägt, wird die Blüte bestäubt.

flügge Gerade geschlüpfte kleine Vögel können noch nicht fliegen und werden von ihren Eltern gefüttert. Wenn die Jungen ausgewachsen sind, verlassen sie das Nest. Sie sind flügge.

Humus Blätter und Äste, die auf den Waldboden fallen, aber auch tote Tiere werden langsam zersetzt. Sie bilden die oberste Bodenschicht, die Humus genannt wird.

Kätzchen Kätzchen sind die zottigen weißen Blüten eines Weidenbaumes vor dem Aufblühen.

Kanüle Die Kreuzspinne im Garten hat Kieferklauen, aus denen sie ein lähmendes Gift in ihre Beute einführt. Das funktioniert wie mit einer Spritze, auch Kanüle genannt.

Kurzzieher Viele Vögel fliegen im Winter in den warmen Süden, legen dabei aber nur kurze Strecken zurück. Diese Vögel werden Kurzzieher genannt.

Langzieher Einige der Vögel, die im Winter in den warmen Süden fliegen, legen große Entfernungen zurück. Diese Vögel werden Langzieher genannt.

Larven Aus den Eiern vieler Tiere schlüpfen Larven. Beim Frosch heißen sie Kaulquappen, bei den Bienen Maden und bei Schmetterlingen Raupen. Bei Wasserinsekten sehen die Larven meist genauso aus wie die Erwachsenen, können aber noch nicht fliegen.

Luftfeuchtigkeit In der Luft sind kleinste Wassertröpfchen oder sogar Wasserdampf. Die Luft ist also immer ein bißchen feucht, man nennt das Luftfeuchtigkeit.

Magnetfeld der Erde Die Zugvögel orientieren sich auf ihrer Reise auch am Magnetfeld der Erde. Die Erde hat einen Nord- und einen Südpol. Diese beiden Pole sind magnetisch, das heißt, sie besitzen Anziehungskraft. Die Zugvögel sind in der Lage, diese wahrzunehmen und sich daran zu orientieren.

Mauser Mit den Jahreszeiten wechseln die Vögel ihr Federkleid. Dies geschieht meist im Herbst und wird Mauser genannt.

nachtaktiv sind Tiere, die am Tag schlafen und in der Nacht auf Nahrungssuche gehen.

Nachtfalter Schmetterlinge, die meist in der Dämmerung oder nachts fliegen. Nachtfalter sind oft nicht bunt wie Tagfalter und etwas anders gebaut.

Nesthocker sind die Jungtiere von Vögeln und Säugetieren, die nackt und blind zur Welt kommen. Sie brauchen ganz besonders viel Schutz und Pflege von den Eltern.

Puppe Nachdem sie sich als Raupen satt gefressen haben, legen Schmetterlinge eine Ruhepause in einem Köcher ein. Er wird Puppe genannt. Dort werden auch die Flügel entwickelt.

Raupen sind die Larven der Schmetterlinge. Während sie wachsen, müssen sie sich öfters häuten (mehr darüber unter *Larven*).

Raupengespinst Einige Schmetterlingsraupen verzehren am liebsten Brennesseln und bilden dort Raupengespinste. Die Raupe spinnt sich in ein Blatt ein und wickelt es mit einem Faden ganz dicht zu. Sie baut einen Köcher und wird zur Puppe. Einige Zeit später schlüpft daraus ein fertiger Schmetterling (mehr darüber unter *Puppe*).

Reptilien sind wechselwarme Kriechtiere wie Eidechsen, Schlangen oder Schildkröten. Wechselwarm bedeutet, sie können ihre Körpertemperatur nicht von innen her gleich warm halten. Viele legen Eier, aus denen die Jungtiere schlüpfen.

Revier ist ein bestimmtes Gebiet, in dem ein Tier lebt, jagt oder Weibchen anlockt. Es wird gegen Tiere der gleichen Art verteidigt.

Schwärmer Das ist eine besondere Art innerhalb der Schmetterlinge. Zu den Schwärmern gehört das Taubenschwänzchen, das sehr oft mit einem Kolibri verwechselt wird.

staatenbildende Insekten Wenn viele Insekten einer Art zusammenleben, so bilden sie eine Gemeinschaft, und man nennt es Staat. Jedes Tier übernimmt in diesem Staat ganz bestimmte Aufgaben. An der Spitze steht die Königin, die den Staat gegründet hat und Eier legt. Arbeiterinnen bauen das Nest, sammeln Nahrung und ziehen den Nachwuchs groß. In manchen Insektenstaaten gibt es auch Soldaten, die das Nest verteidigen.

Tagfalter Schmetterlinge, die am Tage fliegen und meist farbenprächtig anzusehen sind.

Ultraschall-Schrei Die Zwergfledermäuse sind im Dunkeln aktiv. Zur Orientierung und zum Beutefang stoßen sie Laute aus, die so hoch sind, daß wir sie nicht mehr hören können. Man nennt sie Ultraschall-Schreie.

Wochenstuben Das sind die Quartiere, in denen viele Fledermausweibchen gemeinsam ihre Jungen zur Welt bringen, säugen und aufziehen.

zersetzen Abgestorbene Pflanzenteile und Tierleichen zerfallen nach und nach in ihre Bestandteile. Dabei helfen Pilze und Kleinstlebewesen. Schließlich bleiben nur noch Nährstoffe im Boden übrig, die von den Pflanzenwurzeln wieder aufgenommen werden.

Zugvögel Manche Vögel leben das ganze Jahr über an einem Ort, andere fliegen im Winter in den warmen Süden. Sie heißen Zugvögel (mehr darüber unter *Kurzzieher* und *Langzieher*).

Register

Hier findest du eine alphabetische Liste von wichtigen Namen und Begriffen, die in diesem Buch vorkommen. Die danebenstehenden Zahlen zeigen dir, auf welcher Seite im Buch du mehr darüber erfahren kannst.

Alge *14, 39*
Ameise *5, 7, 42, 47*
Amphibien *27, 60*
Amsel *12/13, 14, 18, 46, 47, 50, 51, 59, 60*
Apfelbaum *7, 16, 21, 23, 38/39, 40, 50*
Arbeiterin *44, 45, 48/49, 61*
Assel *15, 28, 35, 38, 46*
Augenflecken *23, 60*

Bakterien *14, 15*
Balz *10, 11, 60*
bestäuben *42, 60*
Biene *38, 39, 42, 60*
Blattlaus *6, 7, 42, 46*
Blattwanze *7, 46*
Blaumeise *10, 11, 23, 51*
Bodenlebewesen *14, 15*
Brüten *11, 45, 49*
Brutfürsorge *31, 45*
Bruthöhle *8, 9, 21*
Brutkammer *14*
Brutplatz *20, 46*
Brutwärme *48*

Distelfalter *55*
Distelfink *46*

Efeu *46*
Eichhörnchen *23, 30*
Eidechse *26, 28/29, 31, 46, 61*

Fettpolster *10*
Fledermaus *22, 30, 35, 36/37, 39, 61*
Fleischfresser *50*
Fliege *26, 28, 38, 42, 52*
flügge *8, 9, 60*
Fortpflanzung *10, 11*

Frosch *10, 11, 26, 27, 30, 60*
Frühblüher *22*

Gartenbaumläufer *5, 39*
Gartenhummel *5, 48/49*
Gartenkreuzspinne *35*
Gartenläufer *14*
Gartenrotschwanz *51, 54*
Gartenschläfer *5, 38*
Gespinstfäden *32*

Hausrotschwanz *46, 54*
Haussperling *26, 46, 56*
Hermelin *59*
Heuhüpfer *28*
Hochzeitsflug *44*
Honigbiene *46, 49*
Honigtau *42*
Hornisse *44/45*
Hornmilbe *15*
Hornschuppe *28*
Hummel *26, 38, 46, 47, 48/49*
Humus *15, 60*

Igel *7, 22, 23, 30, 35, 38, 40/41, 43, 59*

Kanüle *53, 60*
Kartoffelkäfer *42, 43*
Katze *23, 26, 50*
Kaulquappe *30, 60*
Kleiber *39, 59*
Kleiner Fuchs *7, 32/33, 47, 60*
Kleinstlebewesen *15, 61*
Kleintiere *12, 35, 59*
Kletterpflanze *46*
Kohlmeise *20/21, 23, 46, 50, 59*
Kohlweißling *30, 55*
Kokon *48, 50, 53*
Kolibri *24, 25, 61*
Kompost *14, 15, 35, 40*
Königin *44, 45, 49, 61*
Kreuzspinne *50, 51, 52/53, 60*
Kurzzieher *54, 60, 61*

Labkräuter *24, 25*
Langzieher *54, 60, 61*

Larve *6, 8, 14, 15, 39, 42, 44, 48, 49, 60, 61*
Laubfrosch *10, 11, 27, 30*
Libelle *18, 19, 26, 27*
Lockstoffe *10*
Luftfeuchtigkeit *35, 60*

Magnetfeld der Erde *55, 60*
Maus *23, 59*
Mauser *8, 60*
Mauswiesel *16/17, 30*
Mönchsgrasmücke *46*

nachtaktiv *5, 35, 60*
Nachtfalter *37, 61*
Nährstoffe *14, 42, 50, 61*
Nahrungsangebot *10, 12, 13, 18, 34, 39, 55*
Nahrungskette *50*
Naturgarten *18/19*
Nektar *24, 25, 32, 33, 48, 49*
Nestbau *10, 45*
Nesthocker *31, 61*
Nistkasten *9, 21, 22, 30, 31*
Nistplatz *30, 49, 61*
Nützlinge *42/43*

Paarung *10, 26, 27, 32, 40, 53, 55, 60*
Pflanzenfresser *50*
Puppe *24, 32, 39, 44, 45, 48, 49, 61*

Raubtier *16, 51*
Raupe *7, 21, 24, 25, 30, 31, 32, 42, 44, 61*
Raupengespinst *7, 32, 61*
Regenwurm *12, 14, 15, 35, 40, 41, 50*
Reptilien *28, 31, 61*
Revier *8, 10, 12, 21, 37, 55, 61*
Rivale *28*
Rotkehlchen *18, 26, 46*
Rüssel *23, 24, 25, 49*

Schädlinge *42/43, 44*
Schleiereule *35*
Schlupfwespe *42*
Schnecke *7, 13, 15, 31, 38, 39, 40, 41, 43*
Schwärmer *25, 46, 61*
Schwebfliege *26, 46, 47, 54*
Siebenschläfer *34, 38, 39*

Specht *39*
Sperber *56/57*
Sperling *46, 56, 57*
Spinndrüse *53*
Spinne *26, 28, 39, 46, 50, 51, 52/53*
Spinnfaden *52, 53*
Spinnwarze *52, 53*
Spitzmaus *5, 23, 30, 35*
staatenbildende Insekten *44, 49, 61*
Star *8/9, 11, 12, 31, 38, 39, 46*
Steinkauz *35*
Steinmarder *35, 51*

Tagfalter *25, 32, 33, 61*
Taubenschwänzchen *24/25, 61*
Tausendfüßer *15, 35*
Tierkinder *30/31*

Ultraschall-Schrei *36, 37, 61*

Wabe *45*
Waldkauz *35*
Waldohreule *35*
Waldvogel *12*
Wanderfalter *54/55*
wechselwarm *28, 60, 61*
Weichfresser *12*
Weidenkätzchen *32, 60*
Weinbergschnecke *7*
Wespe *38, 42, 44*
Wiesenameisen *39*
Wildbiene *39, 46*
Winterfütterung *59*
Winterquartier *54*
Winterruhe *40, 41*
Winterschlaf *10, 36, 59*
Wirtspflanzen *42*
Wochenstube *36, 61*
Wühlmaus *16, 42*

Zauneidechse *10, 28/29, 31, 46*
Zaunkönig *7, 46*
zersetzen *15, 61*
Ziergarten *18/19*
Zugvogel *54/55, 60, 61*
Zwergfledermaus *36/37, 61*

Diese Seite heißt in der Fachsprache der Verlage »Impressum«. Oft steht sie auch am Anfang eines Buches, und immer erfährt man daraus, wer dieses Buch gemacht hat: Der Autor oder die Autorin, Illustratoren und Fotografen – Männer und Frauen –, die Mitarbeiter und Mitarbeiterinnen in den Verlagen und in den technischen Betrieben wie Setzerei, Reproanstalt, Druckerei und Binderei.

Die Konzeption und Texte dieses Buches sind von Dr. Klaus Richarz, die Illustrationen von Heinz-Helge Schulze.

Umschlaggestaltung: Jürgen Reichert, Stuttgart, unter Verwendung einer Illustration von Heinz-Helge Schulze und eines Farbfotos von Alfred Limbrunner.

Mit 40 Farbfotos von:
Tierbildarchiv Angermayer, Holzkirchen (S. 25 unten links); A. Limbrunner, Dachau (S. 9, 11, 13, 14, 23 unten Mitte und unten rechts, 26, 30, 31, 32, 36, 37, 42, 45, 46, 53, 54); H. Pfletschinger/Tierbildarchiv Angermayer, Holzkirchen (S. 14, 25 unten, 29, 49); H. Reinhard/Tierbildarchiv Angermayer, Holzkirchen (S. 34, 40); Reinhard-Tierfoto, Heiligkreuzsteinach (S. 15); K. Richarz, Frankfurt/M. (S. 22, 23 oben und unten links); G. Ziesler/Tierbildarchiv Angermayer, Holzkirchen (S. 25 oben).

Dieses Buch enthält außerdem auf Seite 23 eine farbige Illustration von Marianne Golte-Bechtle.

Der Autor, **Dr. Klaus Richarz,** ist Zoologe und arbeitet schon seit vielen Jahren hauptberuflich für den Natur- und Artenschutz. Seit 1991 ist er Leiter der Vogelschutzwarte in Frankfurt/Main. Er lebt mit seiner Frau und zwei Kindern in der Wetterau und hat zahlreiche Bücher zu den Themen Naturerlebnis und Naturverständnis geschrieben.

Der Illustrator, **Heinz-Helge Schulze,** ist Maler, Grafiker und ein hervorragender Naturkenner. Er lebt mit seiner Familie im kleinen Ort Holzdorf bei Berlin. Hier, auf dem Lande, findet er die Motive seiner Illustrationen, die schon in vielen Kinderbüchern veröffentlicht wurden.

Die Deutsche Bibliothek – CIP-Einheitsaufnahme
Tiere im Garten/Klaus Richarz; Heinz-Helge Schulze – Stuttgart: Franckh-Kosmos, 1994
  (Der neue Kinder-Kosmos)
  ISBN 3-440-06694-0
NE: Richarz, Klaus; Schulze, Heinz-Helge

© 1994, Franckh-Kosmos Verlags-GmbH & Co.
Stuttgart
Alle Rechte vorbehalten
ISBN: 3-440-06694-0
Lektorat: Almuth Sieben, Gisela Bauer
Printed in Italy/Imprimé en Italie
Layout: Jürgen Reichert, Stuttgart
Herstellung: Die Herstellung, Stuttgart
Satz: Georg Dettmar, Stuttgart
Reproduktion: Master Image, Singapur
Druck und Bindung: Rotolito Lombarda S.p.A., Pioltello